なぜあの会社の女性はイキイキ働いているのか

事例に学ぶ
伸びる中小企業の組織の作り方

福田 尚好 著
高橋 佐和子
中村 佳織
東 純子
中澤 未生子

同友館

◉目次

第2章　女性が活躍する企業事例……21

第3章　事例から学ぶ　女性が活きる着眼点と環境づくりのポイント……65

第4章 事例から学ぶ　女性が活躍する組織づくりと法制度……121

第5章　事例に見る他企業の取組　169

序章

我が国における女性活躍の現状と課題

1 「え!? どうなっているの?」

昨年（２０１６年11月）、コロンビアのボゴタ商工会議所の依頼（ＪＩＣＡ（国際協力機構）・ＰＲＥＸ（太平洋人材交流センター）経由）により同国の商工業経営者及びコンサルタントの教育（セミナーの実施）のために訪問した時の衝撃が、本書出版を試みたきっかけである。

それは、コロンビア到着日に、次の日から実施されるセミナーの打ち合わせを行った時のことである。

私たち（私と、中小企業診断士の小野知己さん、ＪＩＣＡスタッフの小西陽子さん（中小企業診断士））は、宿泊手続きを済ませたうえで、明日からのセミナーの打ち合わせのために、ホテルのロビーでコロンビア側スタッフの来訪を待っていた。

そこに現れたのは、全員（６名）が女性であった。

私の体験から、このような場合には男性スタッフが訪れるというのが常であり、私にとっては想像すらできない事だった。

そこではセミナー運営について入念な打ち合わせを行ったが、翌日のセミナーは彼女たちが中心になって奮闘し、当初私たちが期待したものをはるかに上回る実績を上げることができたのだ。

朝の8時から夕方の6時まで、4日間のセミナーをくまなく仕切り、最終日前日には、私たちが課した課題を深夜までかけて見事に完遂したのも彼女たちの功績であった。

このように、今回の訪問は女性の活躍を「これでもか！　これでもか！」というほど見せつけられる場面の連続であった。それは、日本ではＪＩＣＡなど、ごく一部を除いては、経験したことのない場面の連続でもあったのだ。

2 我が国における女性活躍の現状

一方、我が国においては雇用の流動化、人材不足の中で、ダイバーシティー、ワークライフバランスなど女性の活躍の場の提供が唱えられ、「男女雇用機会均等法」や「女性活躍推進法」等の法整備がなされているが、お世辞にも十分機能しているとは言い難いのが現状である。

もちろん、女性の就業率が従来よりも上昇傾向を示していることは否定できない事実ではある。

ただ、このような状況の中にあっても、３１５万人もの女性が働きたくても働けない〔労働力調査（総務省）２０１６年〕状況であり、また、就業している女性のうち、約６割が第一子出産を機に離職し（男女共同参画白書　２０１６年）、育児後に再就職してもパートやアルバイトの雇用形態をとることが多いため、女性雇用者に占める非正規雇用者の割合は56％を超える状況である。

そこで、現在の我が国での女性の就業状況を探るため、最近の新聞記事等からこれらに関する情報を取り上げてみることにする。

(1) マクドナルド

同社は今年（２０１７年）９月、専業主婦のアルバイト採用を強化すると発表した。同社は学生がアルバイトの主流であるが、短時間でも専業主婦に働いてもらい、深刻化する人手不足の解消を図る狙いである。

日本マクドナルドによると、全国で働く約13万人のアルバイトのうち、2割を占める専業主婦の平均勤続年数は学生の2倍であるという。このように少子高齢化が進む中、従来の学生中心の人員構成を変化させざるを得ない状況にあるのだろう（２０１７年　朝日新聞より引用・加工）。

(2)　コンビニ業界

コンビニ業界では、ファミリーマート、セブン－イレブン・ジャパン、ローソンなど大手各社が店舗の近くや店舗と併設する形で保育所を開設する動きがある。これらの動きは、子育て中の女性が働きやすいようにとの配慮によるものであろう。特にファミリーマートでは、店舗で働く優秀な主婦のアルバイトを囲い込むために、社員として直接雇用する新制度を導入している。

ところで、前記したように「働きたいのに働けずにいる女性（３１５万人）」のうち１８０万人が専業主婦であると推計されている（２０１６年　総務省労働力調査）が、これらコンビニ大手の動きは、人手不足でアルバイトの確保が困難になるなかで、専業主婦を貴重な労働力として認識していることによるものであろう（２０１７年　朝日新聞より引用・加工）。

(3)　カゴメ

食品メーカーのカゴメでは、女性の活躍など社内でのダイバーシティー（多様性）のある環境を整備するために２０１５年10月に社長直轄の「ダイバーシティー推進室」を設置し、２０１６年からは社員参加型の「ダイバーシティー委員会」、「役員向け勉強会」などを立ち上げている。

このような取組と並行して、同社では「女性採用数の拡大」「女性の継続就業を支援する働き方改革」「女性リーダー（管理職）育成」の３つを重点的に取り組むべき課題として設定している。

もちろん、カゴメの狙いは前記のような社会的責任の遂行だけではない。消費者ニーズが多様化し、女性に購買決定権が移行するなかで、社内に多様な人材を抱えることによって商品開発に活かすなど、女性の視点を経営戦略に活かすことが重要であるとの認識のもとに、働きやすい環境づくりとともに、商品開発に女性力を活用しようとしている（２０１７年　日経ＭＪより引用・加工）。

このように、我が国においても女性が活躍する場を広げることによって、企業収益確保に貢献してもらおうという機運が生まれつつあることは事実であろう。しかし、前出企業のような取組が新聞記事になること自体が問題なのである。

つまり、このようなことは欧米等の先進各国や前述のコロンビアのような発展途上国においても、新聞等の記事としては、もはや取り上げられそうにもないほど、一般化しているのである。

にも関わらず先進国である我が国において記事としての重要性を有するのは、我が国におけるこの分野での後進性をいみじくも露呈しているといえよう。

現在、我が国政府においても政策の目玉として「女性活躍」「1億総活躍」「働き方改革」等が唱えられ、また本年9月には「人づくり革命」が唱えられたが、その具体策を論議するために「人生１００年時代構想会議」が設けられた。

そこでは「従来の社会は、学び、働いて、一定の年齢になれば引退するという単線型の人生設計であるが、今後は教育と仕事、家庭を自在に行き来できる社会が必要となる（２０１７年　朝日新聞より引用・加工）」と提言された。

この提言は、今後の日本社会のあり方、就業形態等の在り方を問いかける意味で、まさに時を得た提言であるといえよう。また、幼児教育や保育の無償化、大学教育のための給付型奨学金の拡充なども取りあげるという。このような議論は極めて重要であり、我が国の就業構造を転換するきっかけ作りになることを大いに期待したい。

ただ、このような国民の人生設計をも変えうる大胆な転換は、それを可能にするための社会の意識転換が必要となろう。

3　男性社長のもとでは、女性社員は出世しにくい

帝国データバンク大阪支社の調査（２０１７年７月）によると、女性社長の会社で役員に占める女性比率が38．０％だったのに対し、男性社長の会社では８．５％にとどまった。また、管理職比率でみても女性社長の会社では21．８％に対し、男性社長の会社では５．８％と低かった（２０１７年　朝日新聞より引用・加工）という。

前出のカゴメにおいてすら女性管理職比率は８人で２．３％（２０１７年　日経ＭＪ）であり、10年以上前は女性の採用が少なかったうえ、辞める人も多かったという。なお、同紙によると育児や時短などの制度は充実しても女性の社員が辞めてしまう原因は「会議で発言しにくい」「育児中に、上司から大きな仕事を任せてもらえない」など、質量ともにコミュニケーション不足が課題であるとする社員が多かったようである。

また、前出の帝国データバンクでも、男性社長からは「寿退社などで登用しづらい状況がある」「女性に出世意欲がなく、土台ができていない」などの意見が目立ったという。

このあたりに、我が国の就業構造が生育していない原因があるのではないだろうか。

本年7月17日に、大阪でコロンビアの観光資源・地域産品等の紹介イベントが催された。当イベントは２０１４年からＪＩＣＡ（国際協力機構）の支援を受けて「一村一品（ＯＶＯＰプロジェクト）」に取り組む現地行政官やコミュニティー代表者らを中心とする研修員が来日した際の研修活動の一環として、各研修員が地域の観光資源や地域産品等の地域リソースを紹介する自主発表会であった。

私もＰＲＥＸからの紹介を受けて参加したが、前述したようなコロンビア本国で受けた衝撃を確固たるものにすることができた。やはり、女性の活躍が印象的であったのだ、そこで、「コロンビアで、女性がそのように活躍できる土台は何か」と質問してみた。

その返答は、以下のようなものであった。「育児支援等の社会制度が整備されている」「省庁等では女性の比率が30％以上であることが義務付けられている」など、当方が予測していた返答があったが、「シングルマザーが多いから、女性が活躍できる環境を整える必要がある」「子供の時から男女平等という教育を受けている」という返答もあった。

4　女性活躍推進法

我が国においても女性の個性と能力を十分に発揮できる環境整備を目的として「女性活躍推進法」が２０１６年４月に施行（10年間の時限立法）された。この法律では、以下の事業主行動計画等が大企業（３０１人以上）で義務付けられ、中小企業（３００人以下）でも努力義務とされている。ここでは、民間事業主関係部分における事業主行動計画等を紹介したい。

(1)女性の活躍に関する状況把握・課題分析
○状況把握の必須項目（省令で規定）
①女性採用比率
②勤続年数男女差
③労働時間の状況
④女性管理職比率
※任意項目（例：非正規雇用から正規雇用への転換状況等）はさらに検討
(2)状況把握・課題分析を踏まえた行動計画の策定・届出・公表
〔指針に即した行動計画を策定・公表（労働者への周知含む）〕
○行動計画の必須記載事項
・目標（定量的目標）　・取組内容　・実施時期　・計画期間
※衆議院による修正により、取組実施、目標達成の努力義務が追加
(3)女性の活躍に関する情報公表
○情報公表の項目（※省令で規定）
・女性の職業選択に資するよう、省令で定める情報（限定列挙）から事業主が適切と考えるものを公表

（厚生労働省ホームページより抜粋）

なお、この女性活躍推進法に基づいて公共調達で有利になる、「えるぼし」認定企業制度が開始されている。

この制度は、各府省等が総合評価落札方式、または企画競争による調達によって公共調達を実施する場合は、

女性活躍推進法に基づく認定企業（えるぼし認定企業）などを加点評価するよう定めている。

このように、我が国においても女性の活躍の場を確保・拡大させる法的整備も整いつつあることは確かである。しかし、残念ながら、すぐに成果が出るまでには至らず、それほどうまく機能していないことも事実として認めざるを得ないだろう。

5　女性活躍の実情と課題

(1)　女性活用の実情

今まで見てきたように、我が国では女性の活用を、「少子高齢化が進む中で深刻化する人手不足を解消するため」「主婦のほうが学生アルバイトよりも長く雇用できる」などのどちらかといえば消極的な必要性に基づいて女性の活用を検討するというものが多かった。

しかし、今後もこのような発想に基づく人事政策を採り続ける限り、我が国経済の発展は望めないのではないだろうか。前出のカゴメのように、女性の活躍こそが消費者ニーズの多様化に適応できるものととらえて、女性の視点を経営戦略に活かす工夫が求められてくるだろう。また、前出の帝国データバンク大阪支社の調査では、女性社長から「女性向けの商品を作っており、若い女性の声が必要」との意見もあったという。

(2)　女性の感性

我が国の景気は、穏やかな回復を示していることは事実であるが、大企業や一部の中小企業を除けば、依然として低い水準にある企業が多いのも事実であろう。これが「実感なき景気回復」ともいわれる所以であろう。

このような状況から素早く脱しきれない原因には様々な事由が考えられるが、これらの中からこれからの消費構造を大きく変化させるものと考えられる「女性の感性」について考えてみたい。

現在の経営のあり方は、従来の「勘」と「経験」と「度胸」だけでは立ちいかなくなってきていることは明らかであろう。

つまり、現在およびこれからの経営のあり方は過去の延長線上にはないということを確認しておくべきである。なぜなら、消費構造が大きく変化しているからである。

特に消費者は大きく変化している。消費の主役が女性に移行したからである。したがって、これからの企業経営は女性に好まれることを意識せざるを得なくなるだろう。女性に嫌われる企業に繁栄はあり得なくなってきているからである。

では、男性と女性の間で大きく相違するものは何だろうか。それは「感性」であるといえるだろう。

(3) 高槻商工会議所でのリレー講演

そのような中、一昨年春に高槻商工会議所から講演依頼を頂戴した。当会議所の異業種交流会に於いて5回（1年間）にわたる講演をしてほしいとの依頼である。

当会議所の金田忠行会頭は「健幸経営宣言」（商標登録済み）を提唱され、会議所会員企業に伝播しようと努められている方である。

言うまでもないが、「健幸」とは「健康」と「幸福」の合成語である。つまり、「健幸経営」とは、経営の3大資源である、ヒト・モノ・カネのうち、特にヒト（他の2者に比して中小企業であっても大企業を凌駕する可能性を秘めており、ヒトの活躍によって、モノもカネも強化することができる）の力を活かして、従業員満足・顧客満足・取引先満足等を実現し、健全な企業体を作り上げることと定義している。

そこで、このご依頼に応えるために、私と4人の女性診断士とで編成したチームでリレー講演を実施した。この講演の大テーマは「女性の感性から学ぶ、これからの経営戦略」であり、健幸経営を女性の側面から観察し、それぞれ異なった切り口からリレー方式で講演を実施し、好評を博した。本書の著者はこのリレー講演の講師であることは言うまでもない。

ところで現在では、今後ますます多様化し、高度化し、複雑化すると思われる企業環境を踏まえて、女性が活躍しやすい環境を整備し、思い切りその能力を発揮してもらうという経営戦略の構築が求められているといえよう。また、「女性が活躍しやすい環境整備」を突破口として、外国人・高齢者・障がい者など、現状では制約を受けている多くの人たちが活躍できる環境整備に結び付けることが喫緊の課題であるともいえるのではないだろうか。

本書では、これまで述べてきたように多くの企業で女性の登用が進まない中で、女性の活躍に努めておられる経営者を取り上げ、その経営理念・手法等を学ぶことによって、女性社員が定着し、働き甲斐を感じながら、社会貢献してもらえる仕組みづくりを提案している。

なお、私を除く筆者は全員が中小企業支援の分野で大活躍されている女性診断士であり、女性ならではの豊かな感性と、的確な分析によって、今後の我が国の経営のあり方を示唆するのが本書の狙いとするところである。

（福田尚好）

第1章
女性の働き方をめぐる現状

働き手の不足する日本の労働市場

我が国の成長戦略の一環として、労働人口の不足解消に向け、国は「働き方改革」を推し進めている。日本の労働力人口減少問題の深刻さは周知のとおりである。ピーク時である２００８年の1億2，８１０万人に比較して、２０１７年1月1日現在の日本の人口は1億2，６８２万人と１２８万人の減少。うち、生産可能人口と呼ばれる15歳から64歳までの年齢層の割合については１９９５年に8，７１６万人でピークを迎え、その後減少に転じ２０１３年には7，９０１万人と、１９８１年以来32年ぶりに8，０００万人を下回った（図表１－１）。

生産活動に従事できる人口と目されているこの年齢層の減少は、直接的に我が国全体の生産力・国力の低下につながる。政府の方針として、生産力を改善する主な対応策に大きく三つが掲げられている。

- ●働き手を増やす（労働市場に参加していない女性や高齢者）
- ●出生率を上げて将来の働き手を増やす
- ●労働生産性を上げる

このうち「働き手を増やす」ための主要な人的資源である女性・高齢者のうち、女性については２０１５年8月に女性活躍推進法が制定され、２０１６年4月に実施がスタートし、国策として本格的に運用が進んでいる。現実的に人材難が大きな問題である企業側としても、従来の男性・正社員雇用を中心とする雇用形態だけではなく、女性をはじめ高齢者、外国人などといった多様な属性を持つ人材の活用が、事業存続にもかかわる

図表1-1　生産年齢人口割合の推移（出生中位推計）

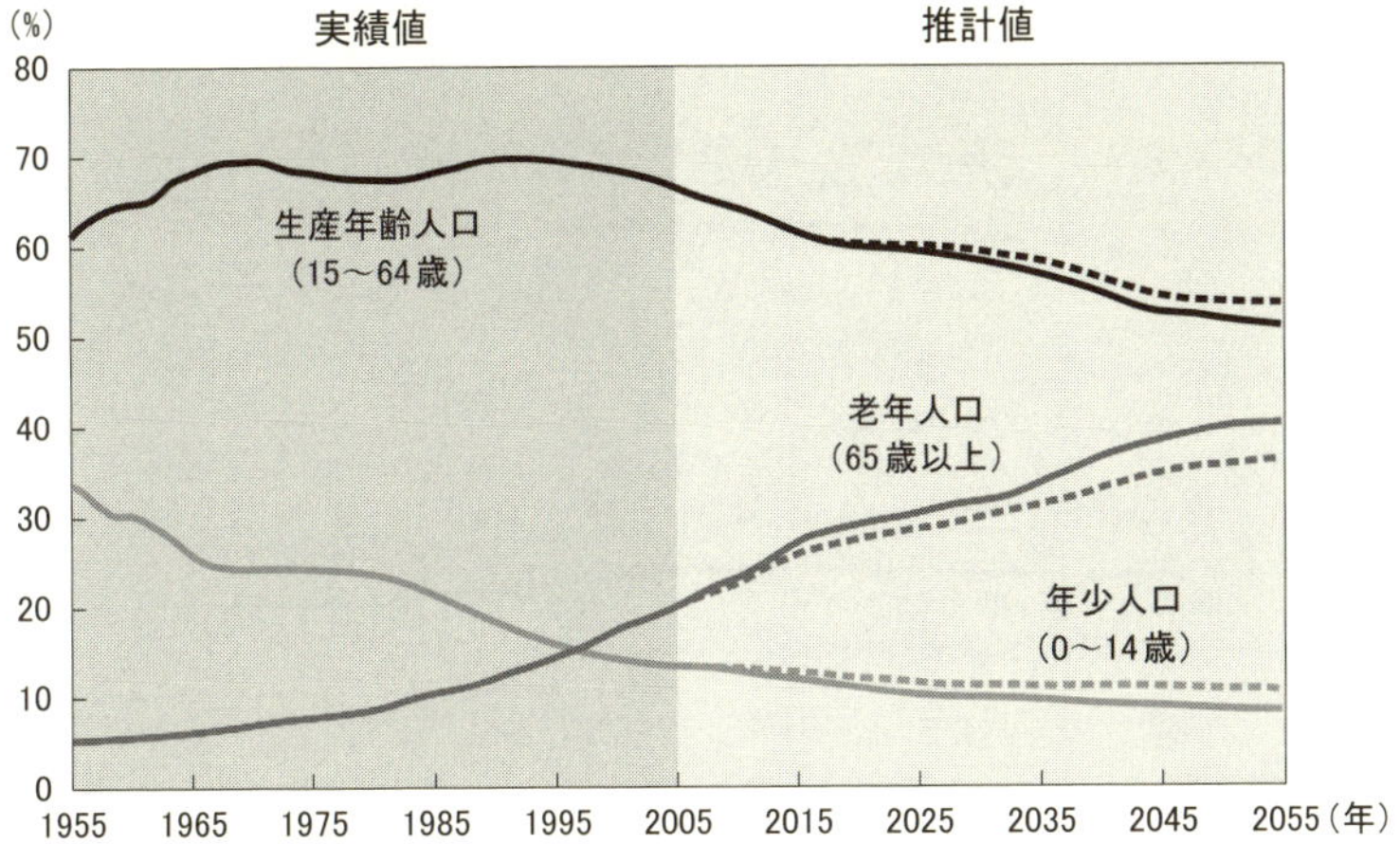

（注）破線は前回中位推計
出所：内閣府HP 国立社会保障・人口問題研究所資料（平成18年12月推計）

大きな課題として目の前に立ち現れてきている。

中でも中小企業にとっての女性の登用・さらなる活用は影響が大きい問題である。若者・新卒における強い大企業志向や賃金格差、高い離職率など、中小企業の人材確保は厳しい状況が続く。一方で女性や高齢者については規模の小さな会社で働く傾向があり、中小企業は潜在労働力の受け皿となっている。次ページに企業規模別の女性割合（正社員・非正規社員）のグラフを示すが、女性正社員の割合は中小企業が大企業を上回っている（図表１－２）。

いったん中小企業へ就職すれば就業を継続する女性が多く、また結婚・出産後の復職先としても中小企業が多くを占めているなど、ライフイベントが多く、生活リズムが変化する女性を柔軟に受け入れる就業先として、中小企業が選択されていることも見て取れる（図表１－３）。

図表1-2　規模別雇用形態別女性比率の推移

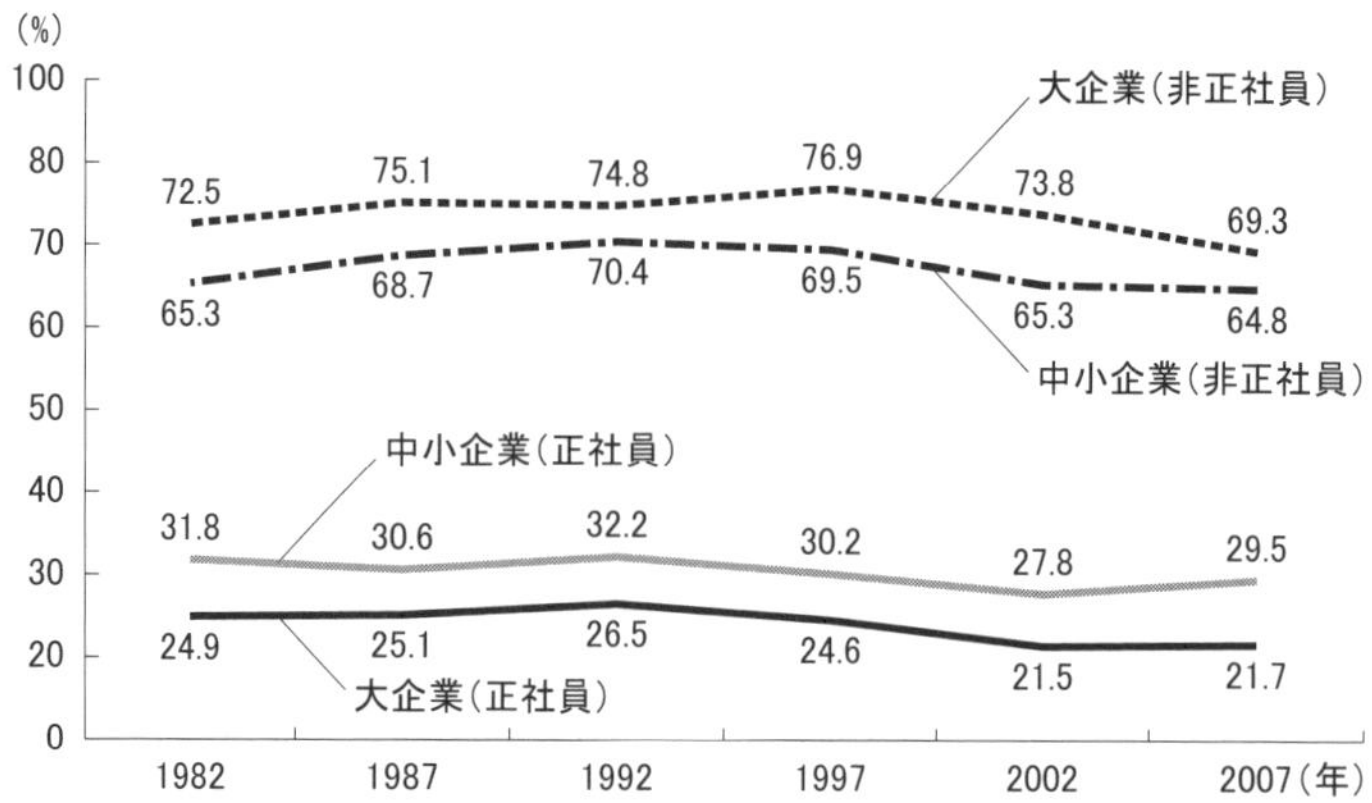

（注）1.「正社員」とは、上記調査における「常雇」かつ「正規の職員・従業員」を指す。
2.「非正社員」とは、「正社員」以外の「会社などの役員を除く雇用者」を指す。
3. 非一次産業のみ集計（「官公庁など」、「その他の法人・団体」を除く）。
4. 従業員数299人以下（卸売業・サービス業は99人以下、小売業・飲食店は49人以下）の企業を中小企業、従業員数300人以上（卸売業・サービス業は100人以上、小売業・飲食店は50人以上）の企業を大企業とする。
5. それぞれの集団に占める女性の割合を示している。

資料：総務省「就業構造基本調査」再編加工
出所：中小企業白書（2009年版）

図表1-3　新卒女性と出産・育児からの復職女性の就職先

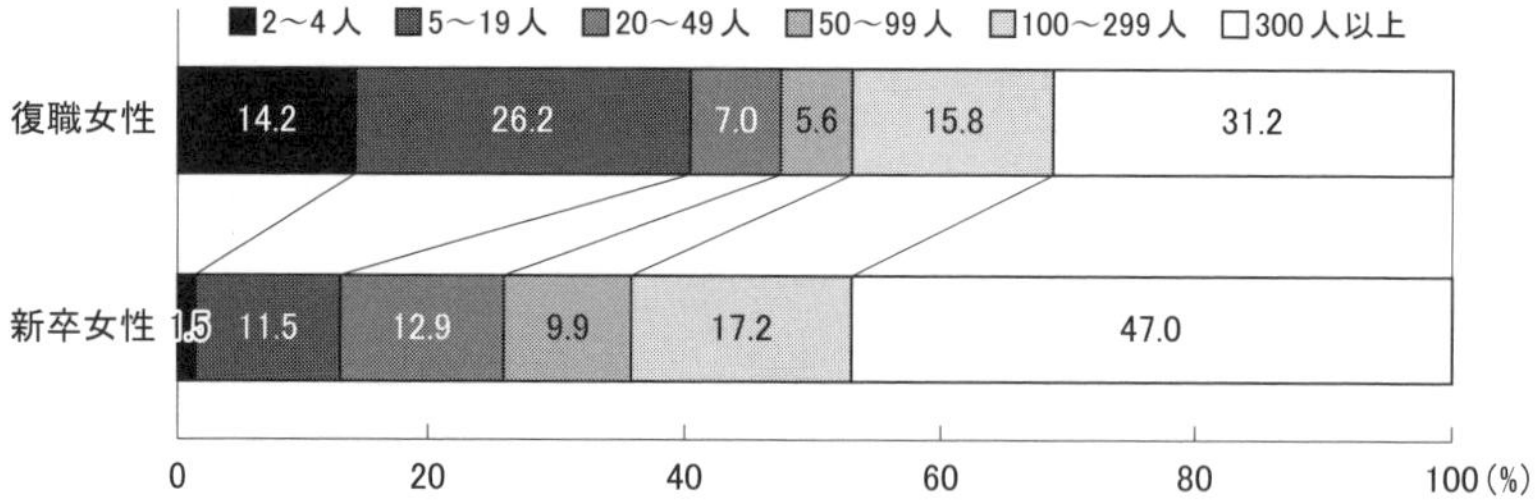

（注）1. 現在、正社員として働いている女性で「1年前は何をしていたか」という設問に「通学していた」と回答した者を新卒女性として集計。
2. 現在、正社員として働いている女性で、前職があり、前職離職理由を「出産・育児のため」とした者のうち、現職に平成23年10月以降に就いた者を集計。

資料：総務省「平成24年就業構造基本調査」
出所：中小企業白書（2015年版）

今後も続くとみられる求人難に対応するため（＝経営上のマイナス要素を解消する）、また従業員比率の高い女性をさらに有効活用していくことで会社全体の生産性を上げていく（＝プラス要素に変えていく）ために、国が「我が国最大の潜在力」と位置づける「女性」を経営に取り入れていくことは、すべての事業体にとって重要な課題であるといえよう。

女性を登用すれば業績は良くなるか

企業経営にとって女性の登用がどのような影響を及ぼすのか。実際に「女性が多く活躍している企業は業績が良い」というデータもある（図表1－4）。

ここに見られるように、女性の登用と企業業績の向上との間には相関関係が見られる。ただし、「女性を雇用すれば業績が上がる」かどうかについては、その因果関係は明確ではない。女性の登用により生産性が向上し、業績に影響しているというはっきりした因果関係を証明したデータはない。業績向上の理由としてみられる短期的で直接的なものとしては、女性の賃金が安いため人件費の圧縮につながり業績アップに貢献しているというものがある。

しかしながら、賃金が男性相当である女性管理職が多い企業においても好業績企業が多いというデータもあり、その理由は男女間の賃金格差だけでは説明できず、「女性比率の（適度に）高い企業の業績は高い傾向にある」ということもまた事実としてある（図表1－5）。

推測されるのは、その企業が性別にかかわらず多様な人材を生かす環境が整っているかどうか、人的資源を

図表1-4　正社員女性比率と利益率の推移

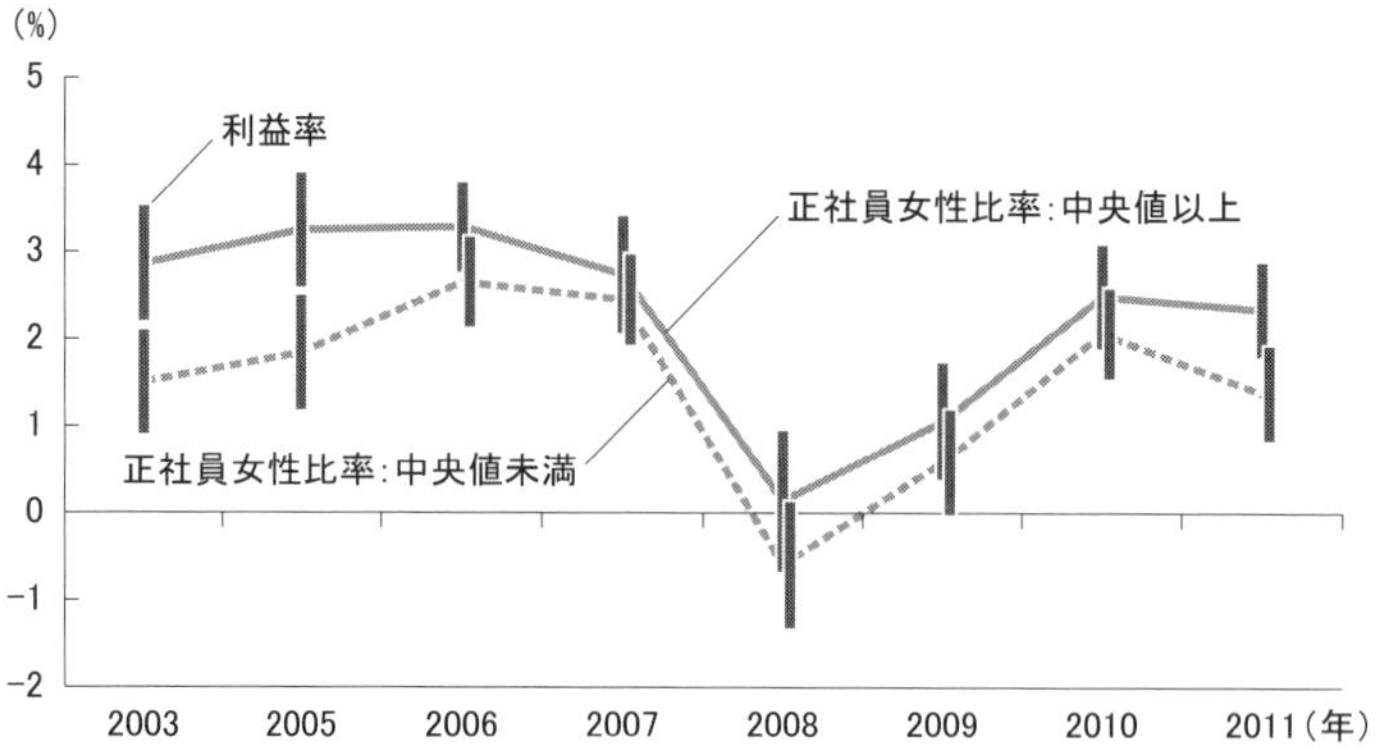

出所：経済産業省『ものづくり白書』（2016年版）より
山本勲（2014）「上場企業における女性活用状況と企業業績との関係―企業パネルデータを用いた検証―」独立行政法人経済産業研究所 RIETI Discussion Paper Series: 14-J-016

図表1-5　管理職女性比率と利益率

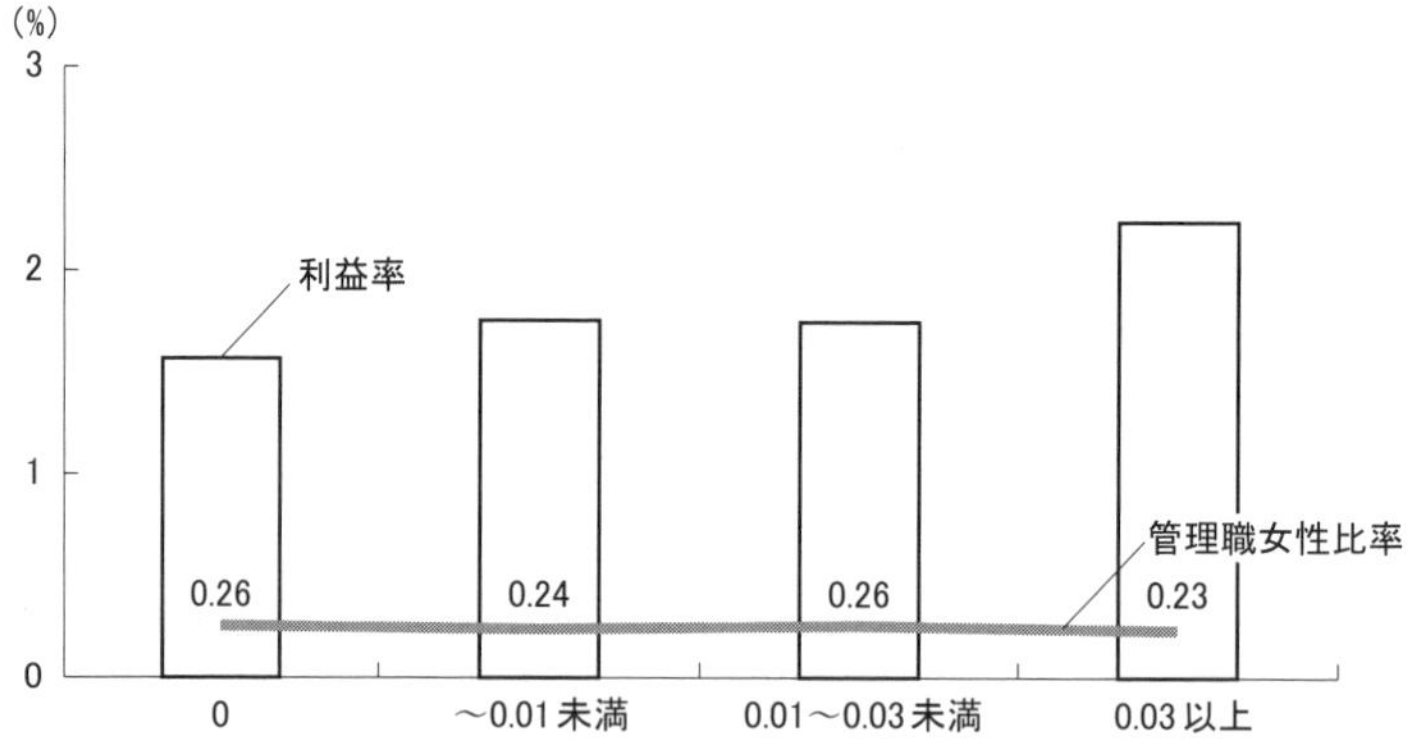

出所：経済産業省『ものづくり白書』（2016年版）より
山本勲（2014）「上場企業における女性活用状況と企業業績との関係―企業パネルデータを用いた検証―」独立行政法人経済産業研究所 RIETI Discussion Paper Series: 14-J-016

効率的に活用できる企業体質を持っているかどうかを測る指標のひとつが、女性の登用度の高さだということである。

経営者の意識、理念や企業風土、働く環境づくりへの取組、業務運営の手法などといった定性的な条件が好業績のカギとなっており、その表出が現象としての「女性登用」に繋がっているのではないか。「女性登用」を、女性の社会進出に関するフェミニズム論として捉えるのではなく、「女性の働きやすい会社は〝従業員〟が働きやすい会社」であり、そういった会社では従業員の定着率や業務遂行能力が高くなるため、企業の生産性が中長期的に向上する。こう考えると、女性登用とその整備環境を、強い組織づくりの一手法と捉え採用することは、きわめて経営合理的な判断と言える。

事例と理論でひも解く女性登用の手法

本書では「女性」をうまく「登用」することによって事業の業績を向上させている事例をもとに、中小企業診断士の目線で理論的な企業行動の分析を行っている。さらに汎用化できる具体的なステップに落とし込み、自社の経営に取り入れられる「経営改善の手法としての女性登用」について述べていく。

メイン事例における経営課題の改善過程を追いながら、その過程においての試行錯誤によって企業の生産性自体が高まり、企業体質が強化され、結果的に市場競争力を獲得するという経営改善のすがたを明らかにしていきたい。

その中で、様々に違った人事課題を持つ中小企業における問題解決への道筋―長時間労働の解消、従業員の教育や育成、ワークライフバランスの実現、などに何かしらの解決方法が見えてくる可能性がある。

従来の画一的な人事戦略では現在の不確実な外部環境には対応していけない。女性が能力を発揮できる職場であることは、高齢者や外国人、中途採用者、または既存社員であっても介護問題に直面する男性など、多様な人材が適合できる職場であるといえる。経営のダイバーシティが叫ばれているが、企業の体質としての広い許容性を持つことで外部環境や市場への対応能力が向上し、ひいては業績の向上、持続的な成長につながっていくと期待される。

（高橋佐和子）

第2章

女性が活躍する企業事例

女性の活躍できる職場づくりをスムーズに進めるには、段階を追った取組が必要となる。では具体的に何を行うべきなのか、そのステップごとに順を追ってみていくこととする。

本書においては、短期間で男性中心企業から見事に女性活躍企業への変革を遂げ、現在は「女性活躍宣言企業」と明言している株式会社BeMagical Solutionsの事例を追いかけながら、必要な取組やその手法について解説していく。

「女性活躍宣言企業」株式会社Be Magical Solutions

1　会社概要

株式会社Be Magical Solutions（代表取締役：稲澤康博）は、平成10年に創業した、兵庫県高砂市に本社および店舗を構えるパソコン修理業である。店名を「パソコンのお医者さん」といい、従業員数は11名、このうち9名が女性である。大半が子育てや介護の問題から時短で働くパート社員である。

当社では大きく3つの業務を行っている。

① 店舗に一般のお客様が持ち込むパソコンの修理
② 近隣の企業に出張してのパソコン修理
③ クラウド型の業務システムkintoneを使った企業システムの開発支援である。

主軸は①の店舗での修理業務であり、当社スタッフの大半はこの事業に従事している。

図表２-１　店舗外観

図表２-２　店内接客スペース

2　女性登用に至った背景

当社はこれからご紹介するように、今でこそ女性の力を最大限に生かした経営を行っているが、実は2年前までは主業務はすべて男性社員が担い、女性社員は事務や電話対応など限定された業務のみを担うという旧態依然とした経営を行っていた。

しかし、2年前に転機が訪れた。当時、男性社員2名と女性社員3名が在籍していたのだが、店舗の柱であった男性店長が責任へのプレッシャーと過労で体調を崩してダウンし、退職してしまったのである。現場スタッフは混乱し、店長と共に主業務を行っていたもう1名の男性社員も退職を願い出た。

この事態を受けて稲澤社長が感じたのは、リーダーや主業務を担う男性社員にばかり負担がかかり、その社員がいなくなると業務が一度に止まってしまうような業務の割り振り、ひいては組織の作り方には問題がある、ということである。誤解のないように言っておくが、当社の業務分担が特別にいびつだったわけではなく、多くの中小企業においてごく一般的な業務分担であったといえる。具体的には次のような形であった。

〈店頭業務〉

●不具合のパソコンを持ち込む顧客の対応をSE（システムエンジニア）である男性社員が行う

※SEの男性社員が対応する理由は、パソコンの知識がないと、不具合の理由やどういった修理をすべきかがわからず、顧客に説明ができないからである。またかかる日数や費用もわからず、顧客に金額の提示もできないことになる。

↓

〈修理業務〉

●顧客対応をしたＳＥが自らパソコンの修理にあたる

←

●同じＳＥがお客様に提出する修理報告書を作成する

←

〈引き渡し〉

●同ＳＥが、お客様に来店頂き修理内容を説明、動作を確認をしてもらい返却する

〈付随業務〉

●請求書など書類の発行

●お客様からの電話への対応

●経理業務

●お客さまへのお茶出し

※付随業務は女性スタッフが担当。

このように、他の多くの中小企業においても一般的な業務の割り振りであることがわかる。このような状況で店長が退職してしまったなら、新しいＳＥを採用しようと考える経営者が大半ではないだろうか。

しかし稲澤社長は、このとき大きな組織変革を決意する。かねてから稲澤社長は、同じ仕事のやり方をしていて会社が何十年も続くわけがない、常に改革や進化が必要である、という思考の持ち主であった。そのため、今がまさにそのタイミングだと認識したのである。

図表 2-3　スタッフ

図表 2-4　稲澤社長

改革の柱に据えたのは「技術者依存・人依存からの脱却」と「女性の力の活用」である。「技術者依存・人依存からの脱却」については、次のようなことを考えた。

●本当にＳＥでなければすべてができないのか？　業務を細分化して１つずつ見直せばそれほど専門的な知識がなくてもできる業務があるのではないか
●当社の業務に必要な知識は、教育によって誰でもある程度身に付けることができるのではないか？　技術者でなければできないという固定概念を捨てて、社内で教育することを考えてはどうか
●社員１人ずつに業務を割り当てるのをやめ、常にみんなで行えるようにできないか

「女性の力の活用」については、男性ＳＥ２名が退職した際に残ったのが全員女性スタッフばかりであり、彼女たちに頑張ってもらわねばならなかったという事情もあるが、もうひとつ、稲澤社長がかつてから子育て中の女性の就業について問題意識を持っていたことも大きい。というのも、稲澤社長のお子さんがまだ小さかった頃のことである。病院で看護師をしていた奥様が、子供が急に熱を出した際に病院に電話し「すみません、休ませてください。すみません。」と謝る姿を稲澤社長は何度も目にしていた。病気の子供を病院に連れて行く、という命に関わる大切なことをしているのに、なぜ謝らないといけないのか？　と疑問に感じていたという。

実際、子供が小さいとこのように欠勤も多くなりがちであり、夕方にはお迎えに行かねばならず定時まで働けないなどの制約が多くなる。そのため働きたくても仕事が見つからないという女性は非常に多い。そのような女性に働く場を提供したいということから「女性の力の活用」を念頭においた改革に取り組んだのである。

改革は急速に進められ、1年足らずで「技術者依存・人依存」から脱却し「女性の力」をフルに活用するビジネスモデルへの転換を遂げた。

現在の当社の9名の女性スタッフは、入社時はパソコンに関してはまったくの素人であった人材ばかりである。彼女たちが店頭での窓口業務のほぼすべておよび、簡単な修理までも行っている。また、小さな子供がいたり家族の介護をしていたりというスタッフも多いが、誰か急に休んでも、また長期で出勤ができなくなっても、業務が滞ることのない体制を作り上げている。

では具体的にどのような改革を行ったのかについて、本書の内容に沿いながら順次みていきたい。

既存の業務を細かく分解する

1　業務プロセスの確認

稲澤社長が最初に行ったのは、業務プロセスの再確認である。大きくは「店頭業務」と「修理業務」であるが、このようにざっくりしすぎると、やっぱりSEでないとできない、とみえてしまいがちである。そのため、業務はできるだけ細分化することが必要である。当社においては次のように細分化できる。

〈店頭業務〉

① パソコンの基本情報の確認
② 不具合状況の聴き取りと確認

③　不具合の原因特定
④　見積もり計算（複雑なものはお預かりして後日価格連絡）
⑤　お勧め商品の提案販売
⑥　その場での簡単な修理作業（その場で修理できないものはお預かり）

〈修理業務〉

⑦　店頭では見積もりが出せなかった場合の電話での価格連絡
⑧　パソコンの修理
⑨　修理報告書作成
⑩　修理完了のお客様へのご連絡

〈店頭業務〉

⑪　修理したパソコンの引き渡し

2　バラバラにした業務をランク分けする

このように細分化すると、SEでなくてもできる業務が見えてくる。当社の場合は大きく以下の4つにランク分けすることができる。

A．パソコンの深い知識がなくてもできる業務　⑦⑩
B．1～数日程度のレクチャーやツール提供で、ある程度できる業務　①②③⑤⑨⑪
C．数カ月の教育でできるようになる業務　⑥

D．専門性が必要であり、体系的に教育を続けてできるようになる業務　④⑧

このランク分けをみてどう思うだろうか？　たとえば「B」の不具合の特定など素人が数日のレクチャーを受けたくらいでできるようにはならない、と思うかもしれない。確かに普通はそうである。しかし大事なことは、「できない」という視点でみるのでなく「どうすればできるか」も一緒に考えることである。つまり、この段階でやるべきことは、単なる分類ではなく、できるための仕組みを作ることなのである。「建設的なランク分け」といってもよいだろう。当社の場合は、これまでSEが知識や経験をもとに頭の中で行っていた作業を簡素化して見える化することが、他の人でもできるようにするための重要なポイントであった。

3　各業務を再設計する

では、具体的にどのような仕組みを作ったのかをみていく。

「A．パソコンの深い知識がなくてもできる業務」

⑦店頭では見積もりが出せなかった場合の電話での価格連絡

⑩修理完了のお客様へのご連絡

この2つについては、言うまでもなくパソコンの知識がなくても誰でもできる業務である。お客様に電話をして、伝えるべきことを伝えるだけである。

「B．1～数日程度のレクチャーやツール提供で、ある程度できる業務」

①　パソコンの基本情報の確認

基本情報とは、パソコンの「メーカー」「HDD容量」「メモリ」「OSのバージョン」「CPU」「ウィルス対策ソフトの使用状況」などである。これらはパソコンの中のどこをみればよいのかさえ知っておけばよい。当社では確認すべき内容を網羅したシートを「お客様カルテ」として準備し、スタッフはカルテに記載された項目を順番に確認していけば良い形にしている。また、「OSのバージョン」「CPU」などは該当するものに○をつけるだけでいいようにしている。

このように誰もわかりやすいフォーマットを作ることが、業務を簡単にするためのポイントのひとつある。

②　不具合状況の聴き取りと確認

お客様が申告する不具合内容をそのままカルテに記載すればよい。よく使うパソコン用語を教えてもらっていれば大きな不都合はない。

③　不具合の原因特定

お客様が申告する不具合は人によってすべてがまったく異なる内容なわけではなく、同じような不具合も多い。また、Aという不具合が起こっている時の原因はBかCである、など理由もある程度集約される。「よくある不具合」→「それが起こる原因」→「確認方法」をセットで教えてもらうことで、ある程度の原因特定はできるようになる。接客スペースは事務所スペースとつながっているので、最初のうちは周囲のわかるスタッフに聞きながら接客をすればよい。徐々に知識の蓄積はできていく。

⑤　お勧め商品の提案販売

当社では、一押し商品として、次世代ディスクへの交換をお勧めしている。大半のスタッフがパソコン業界に入って3年未満であり知識が少ないだけでなく、営業経験も皆無である。お客様に商品を提案まですするのはなかなかハードルが高そうである。しかし、全員が毎月のように数個ずつ次世代ディスクを販売できている。

これを可能にするために稲澤社長が行ったのは、まず自分が顧客に対しどんどん販売してみることである。その際、「売ることそのもの」でなく「売れる方法」を確立させることを重視した。いろいろな説明方法、アプローチ方法を試しながら、どのような話をどのような流れで進めれば、お客様がより買ってくれやすくなるかを研究したのである。そして「売れるセールストーク」および「説明ツール」を完成させて、スタッフにレクチャーした。スタッフは稲澤社長から教わったとおりにお客様に説明すればよい。研究し尽くしたうえでのセールストークであるから、お客様の反応もよく、どんどん商品が売れるようになった。自分が勧めたものをお客様が買ってくれ、喜んでくれるだけでなく、会社に貢献できている実感も生まれる。そのためスタッフのモチベーションも上がり、みな熱心に売ってくれるようになったそうである。今では全員で毎月の販売数値目標を持ち、進捗を確認しながら販売にあたっている。

⑨ 修理報告書作成

修理報告書とは、不具合の起こっていた原因と行った修理を既定のフォーマットに記載してお客様に説明するためのシートである。たとえば「症状：パソコンが起動しない」「原因：ハードディスクの劣化により障害が起こっていた」「修理内容：ハードディスクをSSDに交換し、これまでの環境をまるごと移行した」などといった内容である。先ほど「③不具合の原因特定」のところで触れたように、不具合の症状に対する原因はだいたい決まっている。しかしまだ知識が十分でない場合は、原因や修理の内容を文章にして記載するのは簡単ではない。そこで当社では、共有システムにおいて不具合を入力すればその原因と修理内容が検索できるようにしており、検索結果は報告書にそのまま記載できる文章の形にしている。そのため、誰もが簡単に報告書を作ることができるのである。

⑪　引き渡し

ここまで説明した業務ができていれば、修理したパソコンをお客様に引き渡して作業内容等を説明をすることは問題なくできる。

「C．数カ月の教育でできるようになる業務」

⑥　その場での簡単な修理作業

お客様が店頭に持ち込んだパソコンの不具合の中には、その場で30分程度で修理できるものも多くある。設定がおかしい、などといったものである。これらは決してSEほどの高いスキルが必要なものではない。やったことがないからやり方を知らないだけであり、教えれば比較的簡単にできる。当社の2名の男性スタッフのうち1名はSEで、お預かりする難易度の高い修理を担当しているが、彼が技術面の教育担当として女性スタッフに作業のやり方を教えている。女性スタッフは「自分が修理できるかできないか」を判断し、できるものはその場で直し、できないものはお預かりして社内修理に回せばよいのである。このように、不具合修理といっても一括りにせずに、店頭でできるレベルの作業とお預かり作業に分けることで、窓口女性の担当できる業務範囲は広がる。一方で、スキルの高いSEがごく簡単な作業に時間を割くこともなくなり、結果として全社での業務の効率化が図れているのである。

「D．専門性が必要であり、体系的に教育を続けてできるようになる業務」

④　見積もり計算

店頭窓口業務において稲澤社長が最も頭を悩ませたのが見積もり計算である。店頭での簡単な修理は別にして、お預かりの場合はSEに任せるのでどんな修理をどこまでするのかがわからない。したがって、作業別、部品別の細かい価格表はあるものの、見積りを出せないのである。そのため、いったんお預かりして金額は後日電話連絡するという形をとっていたが、お客様としては金額が1万円なのか10万円なのかもわからない状態ではパソコンを預けるにも不安が残る。

これを解決するために稲澤社長が現在考えている画期的な案は「料金体系の変更」「時間制で修理し放題」というものである（平成29年に導入済）。1つの部品交換作業につきいくらという価格体系ではなく、修理時間に合わせて金額を決める。たとえば修理時間が30分以内なら●●円、30～60分なら●●円と決めておくのである（部品代は別途）。なお、60分以内は店頭作業とし、お預りに関しては「60～90分」「90分以上」の2つの選択肢だけを用意する。

こうすることでのメリットは大きく2つある。まず、店頭での見積もり計算がしやすくなるということである。修理部門による詳細の修理内容がわからずとも、少し知識がついてくれば作業に90分かかるかどうかの判断はできるようになる。2つめのメリットはお客様の満足度アップである。当店のお客様はご近所の一般家庭の方であり、高齢者も多く、パソコンにあまり詳しくない人たちである。たとえばメール受信の不具合を直したいということで来店された場合、これは店頭で簡単に直すことができるが、本当はそれ以外にも小さな困りごとや相談したいことをいろいろ抱えていることが多い。しかし、1つの修理につきいくらという従来型の料金体系では、相談をするごとに費用がかかってしまうため、あれもこれもと相談しづらくなる。逆に当社側が、簡単な作業くらいはサービスしよう、としてしまうと、お客様の要望がエスカレートした際にスタッフに負担がかかってしまう。そこで、時間枠を設定して「作業し放題」とすることで、適正な費用を頂きながらお

図表2-5　仕事中の風景

客様により多くのサービスを提供できると考えたのである。テスト的に一部でこの価格体系を導入したところ、非常に好評とのことである。このように、スタッフとお客様の両方のことを考えての改革であることも重要なポイントである。

⑧　パソコンの修理

この部分については、唯一専門性が必要な業務としてＳＥの男性スタッフに任せている。細かく分解した職務の中にはこのような作業があって当然であり、高い専門性を十分に活かすべきである。とはいえ、完全に1人に任せきりにするとまた人依存が起こる。そこで、当社においては窓口業務を担当していた女性スタッフのうち1名に、より高度な修理作業を行うスキルをつけてもらうべく教育中である。今後の彼女の成長は非常に興味深く、素人にはここまでしかできない、といった思い込みがまたひとつ解消されていくのかもしれない。

このように、当社ではまず業務プロセスを細かく分解し、どの部分が女性（かつ専門性のない）スタッフにはできないのかを1つずつ確認した。この時に気を付けてほしいのは、業務プロセスを分解する人間が「これくらいならできるだろう」と勝手に決めてしまわないことである。稲澤社長の場合は、自身はすべての業務ができるため女性スタッフにはどれができてどれができないかがわからなかった。したがって「これはできる？」「これはできない？」と1つずつ確認しながら進めていったのである。

次に、どうすればその職務ができるようになるのかを考えるのだが、これは単に教育するということに留まらず、仕組みの改善やビジネスモデルの見直しも含めて検討した。その結果として、かつてはＳＥしかできないと思い込んでいた業務の8割ほどの部分を、今ではパートの女性スタッフだけで行っているのである。

職務内容と人をマッチングさせる

1　女性の能力を活かせる職務を考える

このように職務内容を見直し再構築する際には、当然ながらその仕事を誰に担当してほしいのかをイメージしておく必要がある。株式会社Be Magical Solutionsにおいては、「短時間勤務の女性でありかつパソコンの専門スキルのない人」である。

分解した業務のうち、女性ならではの能力を特に活かせる部分はどこか、また女性であるがゆえに任せられない部分はあるのか、を考慮しなければならない。

当社において女性の能力を活かせる部分は、「店頭でのお客さま対応」である。単に女性のほうが印象がやわらかく接客向きだ、というようなことだけではない。当社の女性の持つ様々な経験や特性を接客に活かせることに気づいたのである。

どういうことかというと、一般的にパソコン修理店は、無機質で冷たい印象を与える店構えをしており、店員は専門用語をたくさん並べて淡々と説明することが多い。これでは修理を依頼しにくるお客様が満足するとは思えない、冷たく感じて不安や不快を感じているに違いない、と思った稲澤社長は、２００９年に移転した際には、ビルに入居するのではなく住宅街の町家を借りて改装し、まるでカフェのようなあたたかい印象の店づくりをしたのである。その戦略は功を奏し、多くのお客様が次々に店をたずねてくれるようになった。

また、接客においては「わかりやすい日本語で説明します」を売り文句に、できるだけ専門用語を使わず説明することをモットーとしていた。そのため他店と比べると、圧倒的に説明がわかりやすくあたたかみを感じられる店であった。

しかしながら、やはりＳＥはＳＥである。一般のお客さまとは知識レベルが違いすぎるため、お客様がわからない用語も「これくらいは誰でもわかるだろう」とつい専門用語を使ってしまうことが多々あった。また、わかりやすく噛み砕いて説明する際も、お客様の知識レベルによっては「ＬＡＮケーブル→インターネットの線」「Ｗｉｎｄｏｗｓボタン→画面の左下にある白い４つの四角でできた旗印」くらいにまで言い方を変える必要がある。これはある意味、難しいことを子供に教えるようなものであり、自身の思考の枠組みに捉われずに柔軟に言葉を変換する能力が求められるのである。

ここで当社の女性スタッフについて考えてみると、自身が専門用語をあまり知らないがために必然的にお客様と同じレベル、同じ目線で説明ができる。また、パソコン用語を相手が理解できる言葉に変換して話すことは、自身の子育てにおいて様々なことを子供の理解度に合わせた表現に変えて伝えたり教えたりしてきた彼女たちにとっては、得意中の得意である。そう考えると、窓口対応を男性ＳＥから女性スタッフに替えることは、デメリットよりもメリットのほうが大きいはずだと稲澤社長は確信し、彼女たちが業務をこなせるように職務内容の見直しと再構築を推し進めたのである。

窓口を女性スタッフに替えた結果、お客様の満足度は大きく高まった。女性の強みを生かして業務の割り振りを変えたことが当社の売上アップに繋がったのである。

一方で、女性だから任せられない仕事もある。当社の場合、その筆頭は、お客様宅へのパソコンの引き取りである。女性が1人で男性宅に入るケースもあるのでリスクが高くなる。したがって当社では引き取り業務については男性スタッフが行うことと決めている。

仕事をスムーズにするマニュアルづくり

株式会社Be Magical Solutionsの女性スタッフは9名中8名が時短で働くスタッフである。勤務時間も人によってバラバラであり、一番短いスタッフは9時30分から13時30分である。

働く時間が短いことで起こる問題の1つは、仕事がなかなか覚えられないということである。出勤したものの何をしていいかわからず周囲の人に聞いてばかり、という状態が続くと、本人は次第に周囲に対して申し訳ない気持ちが強くなる。その結果、プレッシャーと居心地の悪さに耐えられずに退職してしまうということは、どの業界においてもよくあることである。

当社では、できるだけ早く仕事を覚えられるように、業務のマニュアル化を順次進めている。マニュアル化といっても仕事の手順だけではない。先に述べた「不具合報告書」作成のための文言集や、お客様からの電話でのよくある質問と回答例、新入社員に対する教育項目、など様々なものがある。ちょっと変わったところでは「ご近所さんとの付き合い方」などもあり、近隣の方のお名前や、どのような会話をするとよいかが記載されている。これらは最初に整備して完成というわけではなく、随時追記して情報量を増やしている。

このようにマニュアルが整備されていることで、新人スタッフは早期に仕事になれることができ、既存スタッフにおいても知識の補充や仕事の効率化を図ることができるのである。

働きやすい組織づくり

１　個々の事情に合わせた勤務体制の導入

株式会社Be Magical Solutionsでは、個々の勤務時間はそれぞれの事情によって自由に設定ができる。９時30分～13時30分勤務のスタッフもいれば、14時00分～17時00分勤務のスタッフもいる。また家庭環境の変化などで契約時間を変更することもＯＫとしている。

また、育児中および介護中のスタッフばかりのため、急な欠勤も多いが、当社では「家族のことが最優先」という考え方を柱に据えて、心置きなく子育てや介護に専念できるようにしている。

この数年、日本では大企業を中心に女性の柔軟な勤務体系制度やサポート体制が充実してきているものの、実際には暗黙の了解で最低限しか利用できなかったり、利用すると周囲から冷たい目で見られたり、といった声も多く聞かれる。表面上の制度は整っているものの中味が伴っていないことが多いのである。

そこで、株式会社Be Magical Solutions当社においてはどうなのか、現場のスタッフから直接お話を伺った。

Yさん（幼稚園児2児の母）

「わたしは飲食店で店長をしていましたが、結婚して子供ができてからは、子供が熱を出したり体調を崩したりしてお店を休みがちになってしまったため、退職せざるを得ませんでした。当社を求人誌で見つけ、時短勤務がOKということだったのですぐに応募したところ、採用頂き約2年前から勤務しています。

試用期間が3ヶ月あるのですが、その時に早速子供が熱を出して欠勤してしまったんです。翌日、嫌味のひとつも言われるだろうな、と恐る恐る出勤したんですが、なんとみんなが「大丈夫?」「お母さんも大変やったね」と口々に優しい言葉をかけてくれたんです。そのとき、この会社の制度は本物なんだ！と感激しました。休んでOKと言いながらも実際休んで翌日出勤すると、「きのう忙しかったわ～」などと嫌味たらしく言われることって多いじゃないですか。でもこの会社は違ったんです。この働きやすさに感動して、思わず社長に「私を30年契約で雇ってください！」と申し入れたほどです（笑）。本当に人間関係のいい会社で、飲食店店長の接客経験も活かせることができて嬉しく思っています。」

Nさん（小学生4年、中学校1年生の母）

「私は、店頭窓口業務を男性SEから女性スタッフに代えようというタイミングで入社しました。時短OKであり家から近かったことが理由です。実はその前にもパン屋で販売員の募集があり採用されたんですが、1日で辞めました（笑）。なぜかというと、子供が小さいので急に休まないといけないこととかあるじゃないですか、その時のために店のリーダーに連絡先を教えてほしいとお願いしたんですね。そしたら「急に休むとか、困ります」と冷たく言われたんです。ああ、それじゃ自分はここで働けないな、と。

当社は急な欠勤も認めてくれていますし、学校行事などで休むことも推奨してくれているのでこうやって長く働けています。

当社で誰かが急に休んでも誰も嫌な顔をしないのは、みな環境が似ているのでお互いのことがわかるからなんです。休んでも「お互いさま」なんですよね。私が入社した頃は、正社員や男性社員のほうが多かったですが、実はその時にいた先輩女性が、私が休んでも気を使わせないようにとすごく気配りをしてくれて…なので私も自分より後に入社したみなさんに同じように接するようにしています。それが次に次にと伝わり、今の働きやすい環境ができてきたんだと思います。

もちろん、社長自身が「働きやすい環境づくり」を声にして言い続け、自身でも実行してくれていることが何より大きいです。

実は私、入社して1年ちょっとしてから入院してしまったんです。もともと体が弱いので。半年間入院し、ああもう会社辞めなきゃな、と思っていたのですが、社長は戻ってくるように言ってくれました。でも、定時に薬を飲む必要があったので、仮に復帰しても出勤しても13時には帰らないといけないという状況だったんです。これじゃ店頭窓口対応もほとんどできませんよね、会社に復帰しても私のできる業務はほぼありません。そんな話をしていたら社長は、「じゃあ窓口業務じゃなくて社長補佐の仕事をしてほしい。君は人望と人を動かす力があるので、私とスタッフの間に入って、私の意図を皆に落とし込んだりスタッフの相談にのったりという仕事をしてもらえないか。」と。短い勤務時間でも私の能力を活かせるような職務を作り出してくれたんです。復帰して6ヶ月ですが、社長とスタッフの橋渡しの存在として様々な責任ある業務を任せて頂いています。」

当社における組織づくりのポイントは、制度を整えるだけでなく、あわせてしっかりと風土づくりも行ったことにある。

2 風土づくりのポイント

当社における風土づくりのポイントは3つある。

① 社長が、どのような組織にしたいのかを明確にすること

株式会社Be Magical Solutionsの「経営指針書」を少しのぞかせて頂いた。経営理念の1番目に「1．私たちは、働きやすい環境を作ります。」と明確に掲げている。

また、中期経営計画の「重点方針」として5つの項目を挙げているが、その中にも「休むことを大切にすること。」「本当に働きやすい職場を創ること。」という項目が挙げられていた。これらは、毎年の経営方針説明会をはじめ、ことあるごとに稲澤社長自らがスタッフに自身の言葉で伝えている。

② 社長自らが実践すること

環境づくりは言葉だけでなく当然態度で示さなくてはならない。稲澤社長は、スタッフからの欠勤の連絡があれば快くOKを出すし、熱を出したと幼稚園から連絡があり早退しないといけない際にも快く送り出す。忙しい日などはついつい「今日は勘弁して」と言ってしまいそうなものだが、そうならないよう多少余裕をもった人材配置もしている。

一方、当社とは別の企業で、こんな話を聞いたことがある。その企業はこれまで子供ができた女性はみな退職してしまっていたのだが、社長自らが出産後の女性の復帰を推奨しようと声を挙げたことで、徐々に実例ができていった。ある支店に勤務する女性Oさんも2人の子供を出産し、復帰して仕事をしていた。2人とも小

さいため急な欠勤も多かったが、チームメンバーには女性も多く、Ｏさんの状況に理解を示し皆で協力しながら業務を進めていたそうである。しかし、ある日社長がこの支店に来てみると、Ｏさんがいない。

どうしたのかと聞くと、子供が体調を崩して休んでいます、とのことである。そうか、母親は大変だな、という言葉を残して社長は去った。その翌週、再び社長が支店に来てみると、またＯさんがいない。理由はまた子供の病気だという。こういったことが数回重なった後、社長は「こんなに休んでばかりでヤル気がないに違いない。これでは役に立たない」とＯさんを辞めさせるように支店長に伝えたという。

この一件により、社内には「子供の病気で休むのは悪いこと」という風潮ができてしまった。社長の行動が伴わなかったために、醸成過程にあった風土を壊してしまったのである。

③　当社の風土に合う人を採用すること

時短勤務ＯＫ、子供の学校行事による欠勤ＯＫといった当社の勤務条件に魅力を感じる子育て世代の女性は多い。求人を出せば多くの応募が来る。採用において稲澤社長が大切にしているのは「この会社の風土、雰囲気に馴染むことができる人材かどうか」ということである。

家庭優先ＯＫだからといって、急に休んで次の日に他のスタッフにお礼の一言も言えないようでは、仮にいくら仕事ができても当社には必要ない。それを見極めるために、パート社員でも必ず3ヵ月の試用期間を設けるとともに、最初に稲澤社長自らが当社の考え方、あり方をしっかりと説明し、試用期間後にも十分な面談の時間をとっているという。

他にも、風土づくりの一環として、株式会社Be Magical Solutionsでは福利厚生、おもに社内レクリエーションにも力を入れている。時短スタッフばかりで、普段のシフトでは顔を合わせることもないスタッフ同士もいるため、皆が仕事を離れて交流できる場を毎月1回作っているのである。新年会やお花見、といった食事会が中心であるが、夏のバーベキュー大会などは本人だけでなく、ご主人とお子さん揃って家族で参加してもらっている。この意図は、純粋にスタッフの交流の意味もあるが、ご主人に奥様が働くことへの理解を一層深めてもらいたいためでもある。子育て中の女性が働くのは大変なことであり、会社だけでなく家族などより身近な人の理解が非常に大切である。株式会社Be Magical Solutionsという会社の姿、会社での奥様の姿をご主人に見せることで、妻にこの会社で頑張って働き続けてほしい、そのためにできるサポートはしていこう、と感じて頂ければ、より働きやすい環境が作れるはずである。

ITツールの活用

業務分解、職務内容の見直し、急な欠勤ＯＫ、在宅ワークあり、と株式会社Be Magical Solutionsについていろいろ見てきたが、では実際どうやって日々の仕事を回しているのだろうか。スムーズに業務を進めるためのベースとなっているのは、ＩＴシステムである。

当社ではkintoneという業務管理システムを自社にあわせてカスタマイズして使用している。社内の誰かがやるべき仕事はすべてこのシステム中に入っている。クラウドのシステムのため、社内のすべてのパソコンおよび在宅ワーカーの自宅パソコンからアクセスができる。個々が毎日そのシステムの中にある仕事を取り出して、随時作業を進めているのである。

当社のポイントは、システムの中にあるのは「タスク」であり「●●さんのタスク」ではないという点である。そもそもの当社の改革の方針の1つは「技術者依存・人依存からの脱却」であったことを思い出してほしい。

一般に企業では、次のような業務割り振りをするケースが多い。

●お客様ごとに担当を設定するケース
●職務ごとに担当を設定するケース

こうなると、お客様Aさんの仕事は担当Mさんに依存、請求書発行作業の仕事はSさんに依存、というふうに「人依存」が起こってしまう。人依存は、一部のスタッフに仕事の負荷が集中する、急に誰かが休むと仕事が滞る、といった事態を引き起こす。

当社においては、こういった割り振りをできる限り排除している。そのため、まず全スタッフは入社後「難しい修理」「経理」以外の仕事は一通りできるように教育される。いわゆる「多能工化」である。

実際の業務においては、毎日出勤したらその日の「タスク」を全員で確認し、その場にいるメンバーで分担する。そして、自分が行った仕事については、すべてシステムに入力し、どの仕事がどの段階まで進んでいるかが誰にでもわかるようにしておく。

例えば、次のような流れである。

●お客様が来店し修理するパソコンを預かる→顧客情報や不具合の症状をシステム入力
●修理部門から見積もり連絡→お客様に電話で連絡→連絡した結果をシステム入力
●修理完了→お客様への修理完了の電話→連絡した結果をシステム入力
●修理報告書をシステム上で作成し保存

こういったタスクがシステム上で一覧になっており、タスクを開けば顧客情報や進捗状況、それまでの過程などすべてがわかる。修理にかかる業務以外にも「振込口座変更の案内をお願いします」「マニュアル●●の箇所の整備をしてください」「店頭の●●を直してください」といった顧客対応以外のタスクも含まれる。いずれも、誰がいつどこまで進めたかがわかるので、その続きは誰がやっても良いのである。きのうSさんが担当した顧客対応の続きを、必ずしも今日Sさんがやる必要はない。

また、その日に割り振られた仕事は必ずその人が最後までやらないといけないわけではない。店頭接客で手いっぱいになったり、または急な子供の発熱で早退しなければならなくなったりしたら、他の人がやればよいだけである。

このタスクの割り振りに稲澤社長は関与しない。特にリーダーを決めることもせず、仕事の分担もスタッフたちに任せている。こうすると、自然と協力体制が生まれてくる。経験の長いスタッフはタスクの割り振りを買って出て、若いスタッフにできるだけ簡単なタスクを任せたり、積極的にアドバイスや教育をして若手のスキルを高めようとしたりする。若手スタッフも早く先輩と同等量の仕事がこなせるようにと、どんどん相談したりアドバイスを求めたりする。

このような体制であれば、業務の流れや業務内容に合わせた席配置も必要ない。むしろ、成長の段階によって誰の近くで仕事をするとやりやすいかが変わったりする。したがって、当社はフリーアドレス制としており、毎日好きな席、仕事のしやすい席を選んで仕事ができるようにしている。

また、このような仕組みを作ることで在宅ワークも可能になった。「誰が」「いつ」「どこで」やっても良い仕事がシステム上にたくさんあるので、出勤しているメンバーと割り振りだけしておけば家で仕事ができるのである。実際当社にも在宅ワークをしているスタッフが2名おり、戦力になってくれている。

本人の意識改革とモチベーションアップ

女性が活躍の場をどんどん与えてもらい、より幅広いまたはレベルの高い業務に関わることについて、すべての女性は大賛成なのだろうか？　これが実は意外とそうでもないのである。女性だから、パートだからといって、長く仕事の幅を制限される状態が続いた女性は、もはや古い考えに固執してしまい、新たな仕事にチャレンジすることを恐れてしまいがちである。

1　会社の方向性の明確化

株式会社Be Magical Solutionsにおいても、改革を進める時には社内から反対の声が上った。男性スタッフだけではなく、女性スタッフも全員反対したそうである。パソコンの深い知識がなく、しかもパートである私たちが、これまでＳＥの男性社員がやってきた仕事を自分たちだけでできるわけがない、と思い退職も本気で考えたという。先に述べたように男性店長が退職し、別の１人の男性社員が退職を願い出た時である。

しかし稲澤社長は、退職者の代わりに修理のできるバックヤード専門のＳＥは採用したが、店頭で顧客対応をする男性ＳＥを新たに採用することはしなかった。実はこのとき既に稲澤社長の頭の中には、今後どんな会社にしていくかをいう絵が描けていたという。「私たちだけでは無理です」と反発するスタッフに、これから会社をどういう形にするつもりなのかをしっかりと説明し、必ず儲かる会社にするから大丈夫、と徹底して不安を取り除いたという。この時のメンバーは女性パートスタッフ３名と、修理専門に採用したＳＥの男性パートスタッフ１名の計４名であった。

そこから女性スタッフは、男性SEや社長のサポートを受けながら店頭業務を行い始める。1～2ヵ月もすると、仕事はうまく回ってくるようになった。反対していたスタッフも徐々に手ごたえや楽しさを感じられるようになっていった。

ここでのポイントは、会社の今後の姿を稲澤社長が明確にイメージできており、それをスタッフにしっかりと何度も伝えたことにある。会社の方向性や未来が見えない状況で自分の負荷ばかり上げられても、スタッフは不安に感じるだけである。

次に、実行に際しては役割や立場だけを与えるのでなく、やるべきことを明確にし、できるようになるまでしっかりサポートしたこともポイントである。ありがちなのは「リーダーをやってみるよう会社に指示されて初の女性リーダーになったものの、仕事の中身が変わるわけでもなく、何をしていいかわからない」「男性ばかりの営業部に初の女性営業として配属されたものの、仕事のやり方を十分に教えてもらえずどうしていいかわからない」といったケースである。何をどうしていいかわからない状態ではモチベーションが上がるはずはない。これは、経営者自身が自社の女性活躍の在り方をイメージできていないことが原因であろう。

2 社長面談の実施

他にもスタッフのモチベーションアップに関して特筆すべきこととして、株式会社Be Magical Solutionsでは、年に2回の「社長面談」を実施している。社外の喫茶店などのリラックスできる場所稲澤社長がスタッフ1人ずつとマンツーマンで面談を行う。内容は、世間話から始まり、スタッフから会社に対する改善要望の聞き出し、その後稲澤社長の考える理想の店とはどんなものかを伝えてビジョンを共有する。そのビジョン実現のためにスタッフからのアドバイスも求めることもある。その時間は、１人につきなんと2時間から3時間にも及ぶという。稲澤社長によると、「まず心の上のほうにある不満や要望を吐き出してもらうことが大切なんです。それを吐き出してしまわないと相手の本音は出て来ないし、こちらからの話も相手に入っていかないんですよね。そうするとどうしても2時間くらいはかかっちゃうんですよ」１日の勤務時間が3時間や4時間というスタッフと3時間も面談したら、スタッフはその日ほぼ業務ができない。しかし稲澤社長はそんなことは意に介さず、この面談時間を大切にしているのだ。

面談は確実にスタッフのモチベーションアップにつながっているようである。あるスタッフは「この面談で会社の方向性や社長が何をしようとしているのかがわかるんです。社長が頑張っていい会社を作っていこうとしてくれているのが伝わり、自分も頑張ろうと思えます」と話してくれた。

この社長面談によるエピソードの中で、ひとつお伝えしたいケースがある。今は退職してしまった女性スタッフCさんの話である。Cさんは当社に入社したものの、日を追うごとに次第に勤務態度が悪くなっていた。店内を歩く時も靴を引きずるようにだらだら歩いて場の空気を悪くするし、社長が仕事を依頼すると「え、いやです」と平気で断る。この態度に耐えかねた稲澤社長は、これは辞めてもらうしかないと思っていたそうだが、最後にもう一度しっかり向き合って話をしてみようと考え直し、面談に臨んだそうである。会社に対する要望や不満を聞き出そうとしたが、稲澤社長にまったく心を開かないCさんは、目も合わせず「べつにありません」の一点張り。稲澤社長も困ってしまったという。それでも根気よく1時間、2時間と話を続けるうちに、ついにCさんから「わたし、ほんとは経理がやりたくてこの会社に入ったんです」との本音がこぼれた。（稲）「え？　経理？　そんなこと今まで一度も言ったことないやん」（C）「だって、経理担当は別にいるし……言っても無理でしょ」

C子さんがそんなことを考えていたとは思ってもみなかった稲澤社長は心底驚いた。そしてC子さんにこう伝えた。「じゃあ、経理やればいいやん。知ってるか？ 会社には配置換えという制度もあるんやで。Cさんがやりたいならやればいいやん」

こうしてCさんは経理を担当することになった。すると、途端に今までの態度が嘘であったかのように、いきいきと熱心に仕事に取り組むようになったという。もちろん稲澤社長に対する態度も一変した。

多くの企業においては、まだまだスタッフとの面談を十分に行っていないことが多い。男性同士かつ仲の良い上司部下であれば日頃の接点の中で多少は意思疎通できる部分もあるかもしれないが（もちろん十分ではない）、男性上司と女性部下となると意思疎通は図りにくい。定期的な面談を通して、上司は女性の考えていることや感じている事にしっかりと耳を傾け、子育て中の女性などにおいてはその家庭の環境なども把握しておくことが必要である。そうすることで、適切な仕事の与え方、対応の仕方ができ、モチベーションを高めることもできるのである。この面談時間の必要性を強く感じている稲澤社長は、面談をスムーズに進めるためにコーチングなどの勉強もしているという。

また稲澤社長は、面談を通してスタッフ1人1人を理解することにより、やりたいことを聞いてチャレンジの機会を与えたり、本人の適性を見極めて業務を任せたりしている。Sさんは入社してまだ半年であるが、当社の3番目の新事業である、企業内の業務システム開発に携わることを希望し、今勉強中である。プログラミング言語がわからなくても開発できるシステムではあるが、これまでほとんどパソコンの知識のなかった女性である。教育するのはなかなか困難そうにも思える。しかし稲澤社長は、当社における新たな女性の活躍の場になると考え、Sさんをモデルケースとして、3ヶ月で一人前に育成するプログラムおよびマニュアルを作り上げるべく、スタッフを巻き込みながら取り組んでいる。

またKさんは、かつてこの改革に反対した女性スタッフの１人である。当時は事務職の補助を業務としており、女性のパートだけで仕事を回すのは無理だと考えていた。しかし、今は店頭接客から新スタッフの教育、社内研修の準備など重要な業務を多く任されている。稲澤社長はKさんの日々の仕事ぶりや面談から、その素質や強みを見極め、能力を生かした様々なチャレンジの機会を与えているのである。Kさんは「最初は店頭接客なんて無理だと思ったけれど、お客様の反応が直接わかるので楽しいと感じられるようになりました。パートだけど、今新しく取り組んでいるシステム開発者育成のマニュアル作り委員会にも入れてもらい、自分自身の成長やステップアップを感じられています」と楽しそうに話していた。事務所内では、後輩たちの相談に対し丁寧にアドバイスしているKさんの姿が見受けられ、頼られる存在であることが伺えた。

人材教育の取組

株式会社Be Magical Solutionsではどのような教育体系をとっているのか。継続して行っているのは次の研修である。

〈新入スタッフ対象〉

●社長研修　理念や当社のビジョン、ビジネスに必要な基礎知識など
●業務研修　先輩スタッフが仕事の流れとやり方をレクチャー
●ＯＪＴ　女性先輩スタッフやＳＥスタッフによる現場での指導

図表2-6　木鶏会

〈全スタッフ対象〉

●技術研修　SEスタッフに技術面のわからないことを聞く場

●社内木鶏会　毎月1度指定の冊子の記事を読んで感想を述べる会

これに加えて、毎年必要に応じて新たな研修の導入を計画している。

ここでは「木鶏会」に触れておく。致知出版社が主催する勉強会であり、月刊誌『致知』をテキストとして、会社内で人間学を学ぶものである。出版社は導入サポートやテキスト提供だけを行うものであり、各企業が自主的に開催する。現在国内で1200社が導入している。

当社では毎月1回開催しており、事前に『致知』の中から1つの記事を共通で選び、スタッフは当日までにそれを読んで感想文を書いてくる。勉強会当日は4～5人のグループに分かれて感想文を発表し、それに対してメンバーが意見を述べる。この時「美点凝視」というルールを設けている。批判的な意見は一切禁止し、良かったところを取り上げて発表者を褒めるのである。記事自体が人間的成長をテーマにしたものであり（例えば「自己を維新する」など）、感想文にはその人の背景や過去、深い考えなどが随所に表れてくるそうである。そのためお互いのことをより深く知ることができると共に、個々に人間的成長を図ることができている。また、他社の社長や社員がゲスト参加することもあり、会社の枠を超えた学びや交流の場となっている。

これからの組織改革

株式会社Be Magical Solutionsは、このように旧態依然とした業務体系を一新し、大幅な組織改革、業務改革を成し遂げた。着手してたった1年でほぼ原形を作り上げ、2年目には更なる改善とブラッシュアップを重ねるというスピーディーな改革ができたのは、稲澤社長が強い意志と明確なビジョンを持ち、自ら改革の責任者として現場に入り込んでいったことにある。そして、見事に「人に依存してしまうリスクの排除」「女性の力を活かすことによる顧客満足度アップ」を実現した。現在はスタッフを拡充し、2店舗目の出店に向けて準備中である。

稲澤社長は「今まではこうだったから、というような「これまで」に囚われないことが大事」という。これが普通、これが当たり前と思ってしまえば、それ以上の組織の進歩はない。常によりよい在り方を求めて変革を続けることが大切なのである。そして日本の企業においては、今後は女性の力をいかに活用できるかが変革の1つの鍵となるはずである。

株式会社Be Magical Solutionsは大きな変化を遂げたものの、稲澤社長によると組織改革はまだまだ途半ばだそうである。これからも「働きやすい職場づくり」を最大のテーマとして、様々な取組にチャレンジしていく心づもりとのことである。株式会社Be Magical Solutionsは、日本における「女性がいきいきと働ける組織」のひとつのモデルを作っていってくれることであろう。

【稲澤康博社長インタビュー】

—2年前に男性店長と社員が辞める、つまり業務の主軸であった男性SEがいなくなってしまうという状況に陥りましたが、率直にそのときはどうお感じになったのでしょうか？

「あぁやっぱり・・・。居なくなるとかなり困る。けれどこれはチャンスだな」です。組織において人の入れ替わりは切り離して考えることは出来ません。「辞めそうな空気感」には気づきますしね。私はそれを感じた時から、もしもこの人が辞めたらどうしようか・・・と頭のなかで考えるようにしています。ある意味、準備はそこから進んでいると言えます。

私は基本「退職願い」には慰留しません。なぜならその決断までに本人は熟考し周囲に相談し、その上での決断だと思っていますので、その意志を尊重しています。

しかしそもそも「辞めたくなる」理由はどこにあるのでしょうか。仕事にやり甲斐を感じなくなったのか、人の問題なのか、賃金の問題なのか。一人の社員の退職をきっかけに、経営者はその点をしっかり考える必要があると思います。そして業務を改善する必要があると判断した際は、業務改革、人事労務の改革などに踏み込まねばならないこともあり、経営的にもしんどい局面に突入することが有ると思いますが、物事の方向性を変化させていくにはチャンスだと考えています。

―そこで女性の力を活用しようと思われたわけですが、御社において女性を第一線の仕事を任せるのは全くのはじめてですよね？　不安はありませんでしたか？　あったとすればどのような不安がありましたか？

不安はありました。当社も、最初から女性の力を活用しよう！　と決めて取り掛かったわけではありません。もしも、女性にこの部分を担ってもらうとすれば、どのような形なら可能だろうか？　というような模索からはじまりました。当社はこれまでは高い技術力を売りにして事業を行ってまいりましたので、「修理技術」とは異なる「安心というサービス」を全面に提供するスタイルは、果たしてお客様にとって望むものなのだろうか？　お客様が満足されるだろうか？　ということが、運営ができるかどうかよりも大きかったです。

―最初は女性スタッフは「私たちだけではできない」と尻込みしていたそうですね。でも店頭窓口業務をやることに決まった後は、女性スタッフの取組姿勢はいかがでしたか？　すぐに気持ちを切り替えて前向きに取り組んでくれたのでしょうか？

これは最も苦労した点の一つではないかと思います。人間は変化を好まない、恐れる生き物だといわれます。人は一度自分の業務範囲を認識すると「自分の業務はこれだ」と頭のなかで業務が固定していきます。その固定された業務を長きに渡ってしていた人に対して「変化してくれ」というのは、負荷がとても高いことだと思うのです。

そこで当社は新しい女性スタッフを採用し、業務改革を行った後の業務スタイルで実行してもらいました。彼女は「以前と異なる業務」ではなく「通常の業務」として覚えますので、抵抗なく実行してくれました。「新しい物事は新しい人とする」というのもポイントでした。

その新しいスタッフが取り組んで成果を上げている姿を周囲がみていることで、既存スタッフの中にも「私たちもやろう」という流れができてきました。

―この改革を進めるうえで一番大変だったのはどこですか？

全てですと言いたいところですが（笑）「人」の問題が最も大きかったです。新事業を立ち上げるのと同じくらい労力はかかったと思います。安定して日常業務が行えるようになるまでは、

①　仕組みの改善が正しく行われていないのか

②　マンパワー（人員）が不足しているのか

この見極めが難しかったです。

また、「上手く出来ない」のには3つの理由があります。

1．個人の能力として出来ない　2．教育が出来ていない　3．仕組みとして出来ていない　このどれが理由なのか？　に注意をはらいました。人は、出来ることをしないようにすることはできますが、そもそも出来ないものは、出来ません。まずは基礎教育がどこまで必要なのか、応用の知識がどこまで必要な

のか、そしてそれは個人のポテンシャルに依存する部分なのかどうか？をその人の習得具合と、その後の活かし方などを観察しながらベースとなるものを作る所が最も苦労したところかと思います。

―御社はスタッフの大半が女性です。女性が集まるとトラブルが起こりがちという声も時々聞かれますが、御社においてはいかがでしょうか？また、稲澤社長として何か工夫されていることはありますか？

言われるように女性はグループを作ったり、派閥を作ったりするといいますよね。ありがたいことに当社ではそのようなトラブルを感じることがありません。「もしかしてここが上手く機能しているのかな？」と思うことがいくつかあります。

それは「ライフとワークではライフを取れ」と「おたがいさまの文化づくり」という2つの大きな旗を掲げていることです。

1つめの「ライフとワークではライフを取れ」には続きがあり「あなたの人生以上に大切な仕事はない」と続きます。今の日本には「休むこと＝悪いこと」のように会社側も働く側も思っている方が多いと思います。当社では「今日休みます」を100％保証しています。面接に来た人にもにわかに信じてもらえないのですが、そこは絶対なのです。

本題とズレますが、「休むことを保証する」という当社の考え方について少し述べたいと思います。女性や働くお母さんには、日常の育児トラブル（発熱や怪我など）や、親の介護など、ライフイベントによって仕事を中断せざるを得ないことが多くあります。休みにくさは、自分のことよりも仕事を優先しないと「評価が下がる」「サボっているように思われる」という変な固定観念が有るから、休まずに出社するのではないかと思うのです。

しかし仕事はあくまで会社に属する業務ですので、その人が居なくても進んでいく必要があります。そのために、当社は属人化を徹底的に排除した仕組みにしていくことに取り組んでいます。責任感が強ければ強いほど、自分が休むとお客様が困る、他の仲間が困ると思うものです。なので、「誰かが休んでも、進めることが出来る仕組み」に変えました。そうすることで、みんなが「自分のワークよりも自分のライフを選択していい」と思える風土にしていきました。

もう1つの「おたがいさまの文化づくり」は、前述のように休みやすくしても、休んだ時にそのことを批判することのない会社にしたかったのです。誰かが休んだときには、他のメンバーが助ける。それはしわ寄せでもなんでもありません。自分も必ず休まなくてはいけない時が必ず来るんですよね。

だから休んでフォローをした時に「昨日忙しかったわよ。(あなた居なかったけどね)」「仕事しておいてたよ(あなたの分もね)」などの嫌味や妬みを言わない空気にしたかったんです。言わないほうが言われないほうが、みんな気持ちいいじゃないですか。でも無理矢理「言ってはいけません」と言っても人は言います。だからこそ「助けてあげたわよ」ではなく、未来や過去を含んだ「お互い様よね」と言い合える文化を作りたかったのです。

—直接的に女性の部下を指導したことがないという男性リーダーや経営者も多くいますが、女性スタッフに対する接し方のポイントやコツがあれば教えてください。

女性と話すことに抵抗があったり、根本的に苦手だと思っている方もいらっしゃるかもしれません。コツかどうかわかりませんが私が心がけているのは、パワーバランスは社長のほうが圧倒的に上であることを理解し、できるだけ対等な関係性になるように心がけています。

そのためにできるだけ日常の仕事をする空間の中で、気さくに自然に話をするように心がけています。たとえばコーヒーを飲みながら空いている椅子に座って「この間の件だけどね･･･」とか「この間、動物園いったんだって？　どうだった？」などと話しかけています。またコミュニケーションの一つとして、遠方に出張に出たときには、珍しいお土産を買ってきたり、コンビニなどでスイーツを買ってきてみんなで食べよう！　とコミュニケーションをとっています。

そういうことを積み重ねることで社員に対して、「社長は社員と同じ目線で居たいと思っている」という想いを伝えています。さらに、私があえて言葉にしているのは「結構みんな、私の扱いひどくない？（笑）」というように、社長だからと気を遣いすぎずに、仲間と同じように気さくに関わってくれていいんだよ、ということを意識できるようにしています。

なぜそんなことをするのか？　それは彼女たちに媚びるわけでもなんでもなく、彼女たちがなにかを言いたい時に、本音が言える環境を日常から作っておきたいからです。社員は話をする時に「社長に対して、このようなことを言ってもいいのだろうか･･･」と、気を遣い、緊張しながら話をしています。何か言いにくいことや本音を話すときは、さらに言いにくい状態になると想像できます。その何かの時に、できるだけ想いをスムーズに出せる環境づくりが日常から必要だと考えています。

また指導という点でいくと、昔は頭ごなしに「こうしろ、ああしろ、私の言うとおりにしておけばいいんだ」というような指示命令の指導をしていましたが、それによってスタッフを壊れてしまった経験があります。

そこでやるべき物事の指示以外は、しっかりとコミュニケーションをし相互理解を深めた上で行動してもらうよう心がけています。事前にそのようにするのは、やり方（Do）だけの指示をもらって動くことを繰り返すと、指示待ち社員になります。やはり自分たちが考えて動いてもらうためには、社長や上司がどのように考えて、どのような思いでそれを実行してほしいと思っているのか？を伝えることが必要だと思ったからです。今はやり方よりも心の在り方（Be）、そして想いの共有が指導する上でとても大切だと思っています。

―時短のスタッフを活用するとき、フルタイムのスタッフと比べて気を付けないといけないこと、意識しておいたほうがいいことなどはありますか？

勤務時間の差からどのような問題が生まれるかを注意して観察する必要があると思います。たとえば当社では「フルタイムの方を採用して下さい」と言われました。「どうしてフルタイムの方が必要なの？」とたずねた所、「その人が居てくれれば、業務の引き継ぎが楽になるから」という回答でした。それは本当にフルタイムの人が必要なことなのか？それともシステムや仕組みで解決できないものなのか？などといった点が1点。

もう1つは、心理的な問題です。それは「あの人はフルタイムなのだから」というように、自分とその人は違う。あの人は特別。という「自分はできなくてもいい」という想いを持つ人も出てくると思います。同一条件、同一賃金といわれますが、賃金などに差がある場合はできるだけみんなが平等に感じられる仕組みが必要だと思います。正社員さんのすること、短時間社員さんのすることなど、職務分掌を明確にしていくことも大切なことです。

―稲澤社長からみて、女性の性質や能力において、これからもっと活かしてくべきだと思うのはどんな部分でしょうか？（御社に限らず全般的に）

「女性だから出来ない」という考えはとにかく取っ払ってみるべきです。当社の女性スタッフを見て居て思うのは、責任感を持って、自主的に、争わず、協力して、助け合いながら、笑顔で、楽しい雰囲気を作りながら、勉強も熱心に、向上心を持ちながら、お仕事をしてくださいます。私はこれらの性質や能力は、会社をとてもいい状態に導くと思います。女性の持つ能力は男性と比べて上か？劣るか？というような点で考えるのではなく、その人の持つ特性はどのようなところだろうか？というところに着目するとさらに多くのものが見えてくるのではないでしょうか？当社では「苦手なことは得意な人に頼もう」「苦手なことを伸ばすより、得意なことを伸ばすほうがいい」と話しています。女性というと「母性があり、繊細で、きっちりしている」とよく言われますが、それって本当にそうでしょうか？大雑把な方は大雑把ですし、アバウトな方はアバウトです。自分の中にあるこれまでの「女性とはこういうものだ」という固定概念は一旦横において、女性だからこその能力を発揮できる舞台を模索されるといいのではないでしょうか。

―最後に、女性の力をまだ活かせていない、今後検討したいという企業の社長などに向けてメッセージを

お願いします。

女性の力は素晴らしいということは、すでにみなさんご承知のことと思います。働き方改革や、女性活躍、多様性（ダイバシティ）など「やったほうが良いことは理解しているが、どうやればいいかわからない」という方も多いと思います。どうすればよいのか？　その取り組み方は会社や組織によって様々だと思います。

「働き方改革」とは、労働時間を短縮して職場から早く追い出すことでもなければ、新しい業務システムを入れて作業時間を短縮することでもありません。「女性活躍」とは、男性の仕事をそのままスカートを履いた女性にさせることではありません。「多様性のある働き方」とは、いろいろな人を採用すればいいということではありません。

変化の激しい中で、働きづらさを感じる部分を軽減する方法を模索し、それを解消しながらも成果が上がる新しい仕組みを生み出すこと。各人が持つ力を最大限に活かす方法を考え、それにあわせて組織や仕組みを変えていくことで、多用な働き方ができる組織へと変化していくこと。

それらの企業変革の取組が会社にとって、また社員にとって必要だと感じるのであれば、一度やってみられてはいかがでしょうか？　それらが実を結んだ時、女性も男性も活躍できる、多様性の有る組織となり、他にない唯一無二の働き方改革を実践している会社になるのではないでしょうか。

企業は人なりといいます。しかし組織はその長のようにしかなりません。実践するもしないも経営者の意志一つです。取り組んでみると、一朝一夕にできない事が多々見つかってくると思います。しかし、これからの激しい時代の変化に対応できる新しい組織を作ろうと思うのであれば、少しずつでも取組を始められることをオススメいたします。社員と会社の発展の鍵がそこに有ることに気づき、共に喜び合えるような組織を目指してまいりましょう。

（中村佳織）

第3章

事例から学ぶ
女性が活きる着眼点と
環境づくりのポイント

女性の力を戦略的に活かす

(1) 女性の力を活かすには戦略的視点から考える

本章では、本書のテーマとなる「女性活躍のための就業機会の創出とそのための環境整備」を実現するための方策について述べるが、そもそも、女性が担当できる職務を増やすこと自体が目的ではなく、これからますます人材不足が予測されるなかで、経営資源である人材としての「女性」の就業可能性を見出し、積極的に登用して、経営力強化につなげていくことこそが目的である。

経営活動においては、「誰のどんな想いを満たすために経営しているのか、自社の存在意義（＝経営理念）」を念頭におき、「そのためにどんな状態が望ましいのか、ありたい姿（＝経営ビジョン）」を描き、その「経営ビジョン実現のために、どのような道筋を立てて実行していくのか（＝経営戦略）」といった一連の流れが前提にあることが必要である。

そして、その経営戦略を実行するために、日々の業務活動として何を行うのかが明確にあってこそ、それを担当する個々人の役割が有機的に機能する。

経営者の目指すべきありたい姿が明確になく、女性にどのような役割を担ってもらうのかも具体化していない状態で、例えば、「女性が入職すれば職場が明るくなる」という視点だけで女性登用を考えるのは、戦略的視点に基づいているとは言い難い。

前章で紹介した事例企業では、主たる業務を担っていた男性従業員の退職に伴い、これまでの業務活動を変えざるを得ないという状況に陥った。

男性従業員が退職することで、技術の専門性が失われる上、彼に属人的に紐づいていた種々の担当業務を担える人材がいなくなる。

稲澤社長は、事業の継続性をどう担保するのかを考えたとき、危機的状況にあるにも関わらず、これを変革のチャンスととらえた。

まず考えたのは、「顧客の視点」である。

事業継続は、自社の提供する商品・サービスに対して、納得して対価を払い続けてくれる顧客の存在なくしては成り立たない。

ただし、顧客は商品・サービス自体を欲しているのではなく、商品・サービスを利用・消費することによって得られる便益（ベネフィット）を求めている。

女性が化粧品を買うのは、化粧品を買うこと自体が目的なのではなく、化粧品を使用することによって、「綺麗になった自分」を手に入れたいからである。

同社においては、これまでは「高い技術力」を強みとして事業を行っていたために、技術者不足になることによって、顧客満足を得られるだろうかという不安が生じたという。

しかし顧客が求めていることは何かを突き詰めて考え続けた時、稲澤社長の脳裏に浮かんだのは、「顧客の真のニーズは、不具合を起こして使えなくなったパソコンの『修理』そのものにあるのではなく、パソコンが使えない状態にある自分たちの不安を取り除いてもらいたい」ということである。

このニーズを満たすことが我が社に求められていることと考え、「どうしたらその不安を取り除けるのか」、「その状態にするために何に取り組んでいく必要があるのか」、を考えるに至った。

そして、顧客のニーズを実現するために掲げた経営ビジョンは、「技術者依存・人依存からの脱却」であり、女性中心の現有人材でどう事業継続できるのかを考えた結果、積極的な「女性の力の活用」を模索するに至った。

まずは、女性の登用ありきではなく、「我が社は誰に対してどんな価値を提供するために存在しているのか（＝経営理念）」に基づいて、「どこを目指すのか（＝経営ビジョン）」、さらに、「どのように事業を展開して進んでいくのか（＝経営戦略）」という「理念・ビジョン・戦略」を明らかにする必要がある。

そして、上記実現のために、「誰と隊列（＝組織）を組む」のか、「求める人物像」を明確にしなければならない。その「メンバーとして女性の持つ能力をどうやって活かしていくのか」、という戦略的な視点に基づいて検討することが重要である。

(2) 女性活躍企業に至る道筋を明らかにするための経営計画

我が社の存在意義を唱えた「経営理念」、そして、将来のありたい姿である「経営ビジョン」と、その実現に向けた道筋となる「経営戦略」が明確になっていても、日々の業務活動に追われていると、目の前のことが優先され将来のありたいことは横置きになってしまいがちである。

限られた時間と経営資源のもとで、目指すべき状態を実現して事業継続に必要な売上・利益を確保するには、時間軸に落とし込んで、「いつ、だれが、何を、どうするか」を記した道しるべとなる経営計画書を作成することが必要である。

また、経営戦略はあくまで経営ビジョンを達成するためにどうするかという「考え方」であり、経営者の頭の中に考え方としてあるだけでは、従業員には見えないし、伝わらない。

自分の頭を整理するために計画を描いたとしても、日々の業務活動に携わっている従業員の理解・納得、そして実践なくしては絵に描いた餅になってしまう。

図表3-1　経営活動体系

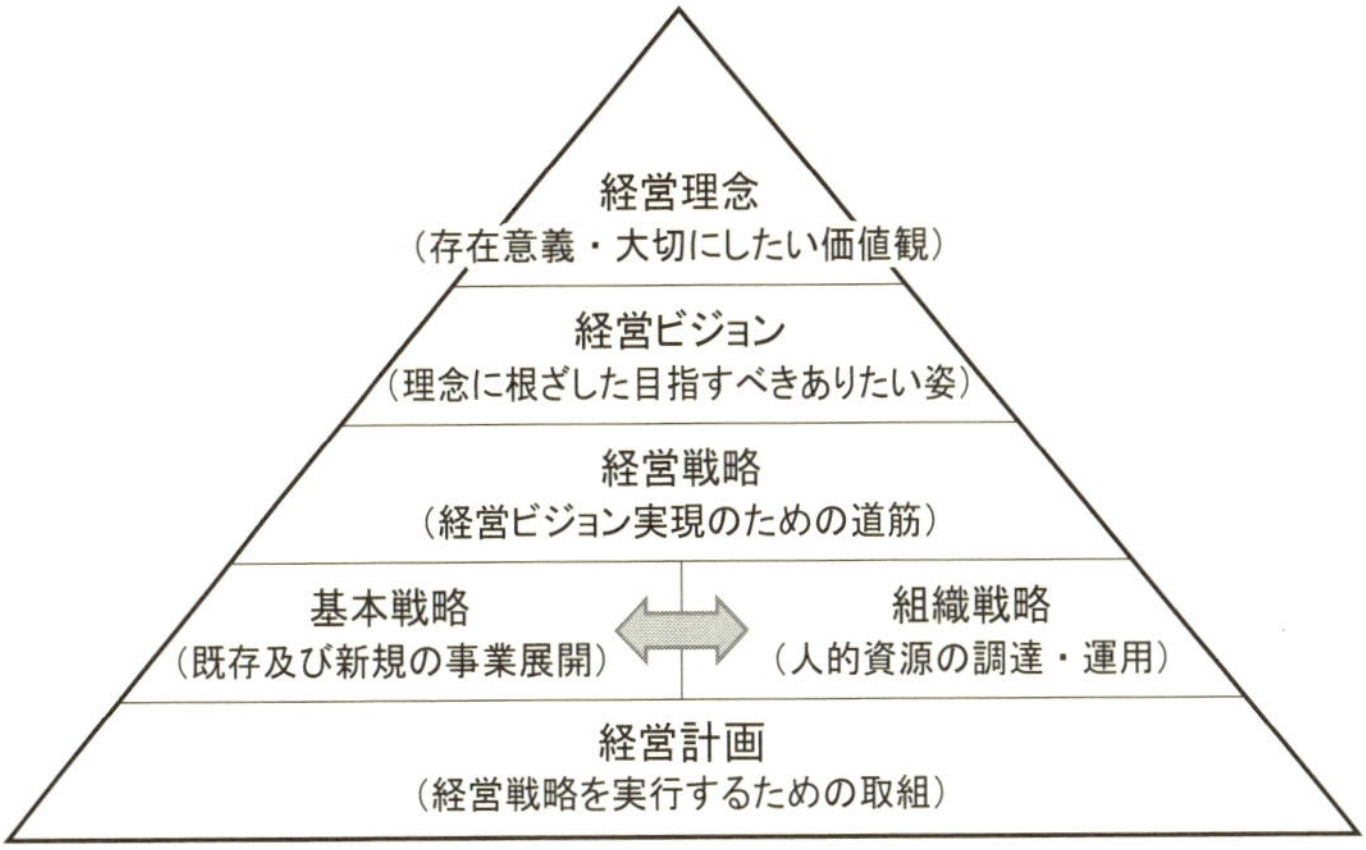

出所：著者作成

事例企業においても、自社の経営理念を明確にし、どこを目指していくのかビジョンを言語化し、その実現に向けて何に取り組むべきか戦略を立てて、どのように実行していくべきかを経営計画書で明らかにした上で、従業員と共有している。

どこを目指すのか、そのために何が必要で、実現に向けて各従業員がどう取り組んでいくのか、合意形成をするためのツールとして、経営者の頭の中を「可視化」した経営計画書があることで実行精度が高まってくる。

(3)「どうしたらできるのか」を導き出す着眼点

女性の登用のみならず、人材確保は中小企業のかねてからの経営課題のひとつである。

「人＝労働力」が不足しているから人材が欲しいという話をよく耳にするが、現時点で自社にとってどんな役割を担ってもらう人が必要なのか、「求める人物像」が明確になっていないために、ひとまず人がほしいというひとくくりの見方に陥ってしまいがちになる。

しかし、業務活動の流れを踏まえて、それぞれを細分化してみていくと、担ってほしい役割とその役割を遂行するのに必要な能力も異なることが見えてくる。

事例企業の場合は、掲げたビジョンを実現するための着眼点として、「技術者依存の脱却」は、「業務の細分化により、専門的な知識などがなくてもできる業務があるのではないか」、「人依存の脱却」は、「社員一人ひとりに仕事を割り上てるのではなく、常に皆で行えないか」、「女性の力の活用」は、「育児などで比較的制約が多く、働きたくても働けない女性に働く場を提供できないか」、という柔軟な発想をもとに改革を推し進めていくこととなった。

そこで、細分化するための考え方として提案したいのが、「業務」活動を推進するために実施している個別の「職務」への分解である。

業務：事業を通じて価値を創造するために部門単位で担当している仕事
職務：業務を構成する個々の従業員が担当している仕事

日常の業務活動は価値を創造する流れそのものであり、業務における各プロセスは、プロセスごとの目的を達成するために必要な役割を担い、さらにその役割を遂行するために個々人に各職務を割り当てることで成り立っている。

まずは、自社の事業はどのような業務活動を行っており、その業務を構成している各人の職務内容に何があるかを丁寧に洗い出だしていくという手順を踏むことが可能性を見出すことにつながる。

しかし、いきなり個々人が担当する職務に焦点化してしまうと、従前の延長線上でしかどんな仕事をしてもらうかしか考えられず、新たな可能性を見落としてしまう恐れがある。

まずは、自社にどのような業務があり、どんなプロセスを経て商品・サービスを提供し、顧客に価値を届けているか、全体像を俯瞰することが重要である。

次項に、業務プロセスをもとに女性の就業可能性を検討するステップを記載する。

女性の就業可能性を検討するステップ

1　業務プロセスを再確認する

(1)　業務プロセスとは

経営は、「人材」や「資金」という経営資源を調達し、「業務の流れ（＝業務プロセス）」に従ってこれらの経営資源を運用・管理しながら、商品やサービスに形を変え、顧客に価値を提供し対価を得るという一連の流れで成り立っている。

そして、業務プロセスには、大まかにいうと、「顧客を探し受注するまでの活動」から「商品・サービスを提供する活動」、そして、「顧客との関係を継続する活動」という3つの段階があるが、この流れは業種共通で行う業務もあれば、業種固有の業務もある。

業種別の一般的な例を挙げる。

図表3－2では、あくまで一般的で定型的な業務プロセスを中心に記載している。

また、運営上重要と思われる業務を「その他の業務」として表示した。

このように業種別に業務プロセスをたどっていくと、業種に関わらず共通のものもあれば、その業種ならで

図表3-2　業種別業務プロセスの例

製造業	広報	商談	受注	設計・デザイン	試作	製造	検査	出荷	アフターフォロー	教育訓練
建設業	広報	商談	見積	受注	設計	施工	検査	引き渡し	アフターフォロー	教育訓練
卸売業	広報	品揃え	仕入	在庫	営業	出荷	配送	販売支援	アフターフォロー	教育訓練
小売業	広報	品揃え	仕入	在庫	陳列	教育訓練	販売	顧客管理	アフターフォロー	
サービス業	広報	メニュー立案	教育訓練	予約	サービス提供	顧客管理	アフターフォロー			
その他の業務	開発	調査	調達	計画	会議	回収	支払	改善活動	…	

出所：著者作成

はの業務もある。

実際には、対象顧客が「事業所向けか、消費者向けか」、「受注型か、見込み型か」などによっても業務プロセスは異なる。

また、本図に示してあるのは、大筋の流れにとどまっているが、就業可能性を見出していくには、さらに細分化する必要がある。

例えば、「製造」というプロセスは、前工程、中間工程、後工程で、それぞれ行っている業務が異なる可能性がある。

特に、工程間で担当者や部門が異なる場合は、達成すべき目的や担う役割が異なり、職務内容を遂行する上で必要な能力も異なる可能性があるため、できるだけ業務プロセスを切り分けて記載することがポイントとなる。

業務プロセスを細かく切り分けて断面を増やすことによって、女性が就業可能な職務の抽出量も多くなる。

なお、複数の事業を行っており、業務プロセスが大きく異なる場合は、各事業ごとに業務プロセスを洗い出すほうがまとめやすい。

(2) 自社の業務プロセスを再確認する

では、実際に業務プロセスをどのように再確認していくといいのか、できるだけ網羅的に導き出すための一例として、次に流れを示す。

①検討メンバーを選出する

事業規模によっては、経営者のみで一連の流れを把握している場合もあるが、できるだけ抜け漏れなく業務プロセスを洗い出そうとすると、複数の部門や事業を行っている場合は、経営者一人で現状に照らした業務を抽出するのが難しいことがある。

組織上で部門が存在するのは、その業務を主管する必要があって部門として独立して機能させているため、全体像をできるだけ把握するには、各部門の責任者や担当者も巻き込んで、組織横断的にメンバーを選出して行うことをお勧めする。

②自社で取り組んでいる業務を洗い出す

どのような流れで業務を行っているか、いきなり最初から最後までよどみなく出てくることはまれである。日々行っている業務に何があるのか、ひとまず考えられる業務をマジックなどで「付箋紙」に書き出して、台紙に並べ替えていくという方法だと取り組みやすい。

組織横断的に複数名のメンバーで実施する場合は、ディスカッションを通じて多面的に業務の抜け漏れがないかを確認するとよい。

進め方としては、所属部門で担当している業務を各自附箋紙に書き出した後、共通する内容があれば、グルーピングしてラベル（タイトル）をつけるなどすると進めやすい。

ひとまずは数を出すことに注力して、抜け漏れがないようにしたいところであるが、参加者個々人で業務を抽出する場合、過去にこのようなことに取り組んだ経験がないと、業務に通じるキーワードが出てこないケースがある。

例えば各自が業務内容について書き込んだ附箋紙を台紙に貼り付け、その台紙をグループメンバーに渡し、受け取った台紙の内容を確認しながら付け加えていくといったなどの手順を踏むと、他者の記載内容を参考にして書くことができるので、何を書けばいいかを想起しやすくなる。

③ 業務プロセスを再確認する

②で抽出した付箋紙をもとに、前出の業務プロセスの例などを参考にして、「顧客を探し受注するまでの活動」→「商品・サービスを提供する活動」→「顧客との関係を継続する活動」の3つの段階に従い、連続した定型業務に並べ替えてみる。

常時、定型的に行うものでなくても、業務運営上、必要と思われる業務については、発生する業務の流れ中で取り組むタイミングに位置付ける。

また、教育訓練など常時行うものではないが重要と思われる業務については、「顧客との関係を継続する活動」の後に並列的に並べておくとよい。

②で洗い出した付箋紙の中には、業務のみならずその業務を遂行するために必要な担当者レベルの職務も併せて出てくる可能性があるが、職務については次のステップで活用する。

2 各担当者の職務内容を洗い出す

(1) 職務分析により業務から個別の職務内容に落とし込む

前項の業務プロセスで一連の業務の流れは確認できるが、実際には各業務を遂行するために個々人に割り当てられた職務が存在する。

例えば、自社の存在を知ってもらうための「広報」という業務ひとつとっても、ホームページ、パンフレットをはじめとする紙媒体、展示会の出展など、その手段は様々あり、どの手段を講じるかによっても、担当者に求められる知識や経験、ノウハウなども異なる。

よって、就業可能性を検討する上では「誰が何をどこまで、どうやって担当するか」まで細分化して検討することが求められるので、業務単位ではあまりに大きすぎるため、業務プロセスを洗い出した後に、業務プロセスごとに「職務分析」を行う。

職務分析とは、各従業員が担当している職務内容を明確化することであり、①「職務情報の収集」と②「職務情報の整理」の２ステップで行う。

職務分析に必要な流れについて説明する。

①職務情報の収集

まずは、職務情報を収集することから始めるが、手法としては従業員ごとにヒアリングを行う。ヒアリングシートを活用すれば、抜け漏れなく情報を収集することが可能となる。

ア．携わっている業務を確認する

明らかにした業務プロセスを基に、まずは、「仕入」、「販売」などの業務単位で、ヒアリング対象者から、どのような業務に携わっているかを確認する。

また、事業規模によっては、複数に渡る業務を一人の担当者が兼務している可能性があるため、担当職務に

図表3-3 ヒアリングシートの例

年　月　日

職務内容ヒアリングシート

所属：

氏名：

携わっている業務	担当職務	担当職務の範囲	必要な経験・知識・技能など	レベル	左記習得に必要な要件

分らないことや気になっていること

出所：著者作成

ついては、もれなくヒアリングするように留意する。

イ．担当職務の具体的内容を聞き取る

携わっている業務がわかれば、次にその業務を実施するうえで、どんな職務を担っているのかについて、定型的な一日の流れを追って洗い出す。

また、週末にのみ発生する職務や、経理などのように月末に処理が集中するなど、一日単位では定型化した職務内容が抽出できないケースもある。

その際には、週間単位、もしくは、月間単位にまで時間の幅を広げて、職務内容を拾い上げる必要がある。

ウ．担当職務の範囲をたずねる

職務内容を洗い出したら、それぞれ取り組んでいる職務は、「何をどこまで行っているのか」範囲を確認する必要がある。

例えば、「在庫管理」という職務においても、店頭での数量の確認なのか、店舗販売に必要な在庫数量のコントロールをするのかによって、担当する範囲が異なる。

エ．職務遂行のために必要な経験・知識・技能などを確認する

担当する職務範囲が明確になると、職務遂行にあたって、どんな経験や知識・技能などが必要かを確認する。

担当する職務範囲によっては、時間をかけずにできるものもあれば、意識的に知識・技能を修得しなければならないレベルといった段階があるため、そのレベルについても見極めておく必要がある。

ⅰ．口頭もしくはマニュアル等などで指示があれば、即日で職務遂行できるレベル
ⅱ．口頭もしくはマニュアル等などで指示に基づいて、数日程度で職務遂行できるレベル
ⅲ．一定期間を経過し実務経験を積めば、職務遂行できるレベル
ⅳ．実務経験のみならず、専門的な知識や技能が求められるレベル

ヒアリング時においては、先のようなレベル感の基準を設け、合わせて記入しておくと、自社の業務プロセスのどの業務に専門性が求められるかも見えてくる。

特に、ⅲ、ⅳのレベルにおいては、自助努力で習得できるレベルではない可能性もあるため、できるだけ詳細にどんな知識・技能なのかを確認しておく必要がある。

図表3-4　職務内容一覧表

①	②	③	④
業務プロセス	職務内容	現在の担当者（部）	現在の状態

出所：著者作成

オ．職務遂行のために必要な経験・知識・技能の習得要件を確認する

前項のヒアリングで、iiiやiv．のレベルである知識や技能などを習得している必要があるとすれば、どうやって習得したのかをヒアリングしておくと、今後どのように習得してもらえば効果的なのかのヒントが見えてくる。

さらに、どのくらいの期間で習得したかも合わせて情報収集を行っておくと、体系的な教育制度を検討するときの判断材料となる。

②職務情報の整理

次に、各担当者からヒアリングした情報を一元化するため、自社で取り組まれている業務とそこにどんな職務が紐づいているのかをまとめて整理していく。

ア．職務内容の集約

まずは、業務ごとにどんな職務を担っているのか、複数名のヒアリングで様々な言語表現がされているため、付箋紙などに書き出し、共通する項目をグルーピングしてラベリングする。

付箋紙の情報がまとまれば、図表3－4「職務内容一覧表」へ「業務プロセス」ごとに関連する「職務内容」を転記していく。

イ．職務の流れに従って整理する

実施している職務が網羅されているかどうかを確認するために、前項でまとめたそれぞれの職務について、各業務の開始から完結まで、行っている順序に従って職務内容を整理していく。

ウ．担当者（部門）を明記する

誰（どの部門）が当該職務を担当しているのかを記載する。

エ．現在の状態

ヒアリングで確認した職務遂行上の目的などの情報をもとに、「誰が何をどこまで行っているのか」、現時点での状態を記載しておく。

③「わからないことは何か」も確認する

職務内容をヒアリングする機会に、現在の担当職務の何がどこまでできているかのみならず、「わからないこと、気になっていること」も聞いておく。

わからないことは何がわからないか、気がかりに思っていることが何かを聞いておくことで、後述する「就業可能性の検討」段階で、具体的な方策を講じるうえでのヒントにつながる。

事例企業においても、稲澤社長自身は、全ての業務に関与していたため、事業運営上必要な職務とその職務遂行のために、何を習得しておく必要があるかを把握していたが、女性スタッフに新たな職務を任そうと思った時に、何がわからないのか、何を不安に思っているのかを拾い上げなければ、「やればできる」という意識転換につながらないと考えた。

ある人にとっては当たり前でも、立場や担当している職務が違えば未知数な事柄が多々あり、知らないこと、わからないことに対する不安は無限である。

稲澤社長は、女性スタッフとのやりとりを通じて、専門的な技術力で対応していた男性ＳＥと自分とを比較するからなのか、「自分なんかがこんな仕事でお金をもらっていいわけがない」という言葉を何度も聞くこととなった。そして、このような発言が出るのは、「自己評価の低さ」、「自己肯定できない」ことに起因していると気付いた。

そこで、「彼女たちが自信を持つにはどうすればいいのか」と視点を変え、通常なら知っていても職務に直結して役立たないと思えるような「Ｗｉｎｄｏｗｓの歴史」や「パソコンの歴史」のような知識を伝えた。

これらの知識を持っていることによって、顧客の知らないことを知っている感覚、また、少し詳しい顧客が来店したときであっても、「あー、それ知ってますよ！」というような会話ができるようにし、不安に囚われることなく顧客対応に臨めるようにした。

できることを増やしていくには、まずは、今何がわからないのか、何が気がかりなのか、当事者目線で拾い上げていき、どうすれば不安なく職務に取り組むことができるのかを考える必要がある。

④網羅されているかを再確認する

ヒアリングで収集した情報は、個々人から吸い上げた情報の積み上げであるため、今一度、業務ごとに職務の流れについて、抜け漏れなく網羅されているかを再度確認する必要がある。

特に、ある職務から次の職務に移管する際に、担当者から別の担当者へ、部門から別の部門へどのように職務レベルで引き継がれているか、間断なく流れているかどうかの確認も要する。

(2)　職務分析から見えてくるもの

①　形骸化している職務内容はないか?

割り当てた職務は、本来達成すべき目的の実現のために存在しているはずであるが、経営者側が想定している意図と担当者との認識にギャップが生じているケースが少なからずある。

職務は目的達成のための手段であるにも関わらず、職務をすること自体が目的化していないかも合わせて確認が必要である。

目的が認識されておらず、職務自体が形骸化していれば、現在行っている職務内容の必要性の有無も含めて見直す必要がある。

②　知識・技能などはどのように習得させるか?

職務遂行に専門的な知識や技能が求められる場合、どれくらいの期間、何をすれば習得できるかを収集しておけば、後述する人材の育成を計画的に行うことが可能になる。

知識・技能の習得にあたっては、自助努力で対応可能か、難しければ、教育制度の導入など事業者側がバックアップ策を講じるべきかも検討する必要がある。

3 就業可能な状態を作り出す

(1) 職務内容と就業可能性を照らし合わせる

事例企業でも見てきたように、業務を一塊としてとらえると一見不可能と思われることも、細分化された職務内容の一つひとつに焦点化して「どうしたらできるのか」を照らし合わせていくことによって、就業可能な状態が浮き彫りになってくる。

次の段階として、業務プロセスからもう一段階落とし込んで細分化した「職務内容」をもとに、①物理的障壁の克服が必要となる要素（時間・場所的制約）、②性差による得手・不得手がある要素（女性は不得手な分野という思い込みの見直し）③女性ならではの特性が活かされる要素、さらには、④業務プロセスそのものを見直すといった着眼点から、より多くの女性が就業できる可能性はないのかを照らし合わせていく。

① 物理的障壁の克服は可能か？

家事・育児・介護の担い手はいまだ女性が中心であり、これらに対応する生活時間を確保する必要性によって、就業時間及び就業場所に制約が生じやすい。

よって、限られた状態で、「その時間」、「その場」にいなければ職務遂行が難しい場合は、必然的に短時間労働となるか、もしくは、就業自体を諦めざるをえない状況に陥る。

ただし、職務内容について、それぞれに達成すべき目的を突き詰めていくと、限られた時間のみ就業することでも、目的達成される職務がある。

また、業務運営上必要とされる一定の労働力を確保するために、短時間であれば就労可能な複数の従業員で職務を分かち合って実施する「短時間勤務でのワークシェアリング」も方法として考えられる。

一人当たりの勤務時間は、一日の勤務時間を短縮したり、勤務日数を減らすなどするため短時間となるが、就労可能な各人の時間をつなぎ合わせてシフトを組むことによって、時間の帯で労働力を確保することも可能となる。

さらに、常時限定された就業場所にいる必要がない職務もある。

近年、情報化の進展により、時間や場所の制約を受けることなく、必要なときに必要な情報にアクセスしたり、作業を共有することも可能となった。

中小企業においても低コストでシステムやアプリケーションなど、ＩＣＴの活用が可能となったため、「テレワーク」による就業が実現可能となった。

「テレワーク」は、企業側・従業員側双方にとってメリットがある。

ア．企業側のメリット

- 時間や場所の制約を受けないことにより、柔軟な働き方が可能になるため、人材を確保しやすくなる。
- 来社を伴う必要性が減少するため、事業所内の執務スペースに必要な経費や通勤に伴う交通費などコスト削減につながる。
- ワーク・ライフ・バランスの実現に寄与するため、社会的責任の推進と企業イメージの向上につながる。
- 災害時などで特定の拠点に影響が出ても、場所の制約を受けないため、事業継続が可能となる。

イ．労働者側のメリット

- 時間や場所に伴う物理的制約が減少するため、育児や介護などをしながら働くことができる。
- 通勤時間が減少するため、時間を有効に使える。
- 事業所勤務で生じる電話対応などに手間を取られることもなく、特定の業務に集中できるため効率が上がる。

事例企業においても、抽出した職務から顧客と直接接する必要のない職務については、随時来所しなくても就業可能ではないかと考え、テレワークの導入を検討することとした。

職務内容を鑑み、「当該職務は、この時間・この場所に限る必要があるのか、必ずしもこの時間・この場所でなくてもよければ、どうしたら就労機会を設けることができるのか」、見方・やり方を変えることによって、新たな可能性が見えてくる。

②性差による得手・不得手は思い込みではないか？

女性と男性とで個人差はあるものの、一般的に認識されている性別の違いからくる特性によって、女性の不得意な分野や、体力など身体面で男性と同様の就労ができないと認識されがちであることは否めない。

古来、進化の過程で男性は狩猟、女性は家庭を守るという役割を担っていた。

男性は、獲物を追ううちに方向や距離に対する感覚が磨かれ、動物の足跡や天気など状況を判断するのに必要な分析力も高められた。また、効果的に獲物をしとめるのにどのような武器をつくればいいのかを考えるといった体系的な思考力が求められた。

図表3-5　女性と男性における特性の違い

	女性	男性
興味の対象	「ヒト」とのコミュニケーションを重視する	ミニカーやプラモデルなどの「モノ」を重視する
空間認識	平面的に目の前を広く眺める	立体的に空間を認識する
傾向	相手の言語や態度の細やかなところに気がつき、感情を読み取るのが得意	ものごとの仕組みや規則性を論理的に解釈するのが得意
思考	複数のことを同時進行で考えられる	一つのことに集中して考える

出所：著者作成

一方、女性は、植物の採取など住居の周辺での活動が中心であったため、広く活動する必要はない。しかし、目の前のこどもに生じるわずかな変化を敏感にとらえることや、周囲の仲間とは日ごろから助け合える信頼関係を構築する上で、会話によるコミュニケーションや高度な共感力が求められた。

また、女性と男性とで特性に性差が生じている要因は脳にも起因しており、ホルモン分泌による機能や構造上の違いが影響している。

構造上の違いを生んでいる大きな要因のひとつとして、女性の脳梁（＝右脳と左脳をつなぐ神経線維の束）は男性より太く、右脳（感じる脳）と左脳（考える脳）が頻繁に連携しており、感じたことが即言葉になりやすいため、女性は会話を重視したコミュニケーションスタイルをとる傾向がある。

事例企業でみると、一般的にパソコンは、「機器を操作するのに、専門的・論理的な知識が必要」であり、男性の得意分野であると認識されやすい。

ましてや、そのパソコンの修理にあたるとなると、高度な知識が必要と思われるため、男性ならではの仕事であるという先入観が生じやすい。

しかし、職務内容を細分化してみると、必ずしも高度な知識や長年の経験値が必要でない作業も存在し、それぞれ難易度も異なることが見えてくる。

また、一般的に体力が必要と思われる重量物などを抱える重作業は女性に難しくても、職務内容を切り分けて見ていくと、前後に生じる軽作業は可能であったり、設備機器を活用することによって体力差を補うことも可能な場合もある。

一般的な男女の性差からくる特性の違いにとらわれすぎないことが重要である。

③女性の特性が活きる職務に積極的な登用はできないか？

女性の就業機会をより積極的に作っていくのであれば、前項で述べた女性の特性を活かすことにより、自社の強みの強化につなげない手はない。

女性ならではの感受性を発揮したきめ細やかな「観察力」や高度な「共感力」などを活かすには、顧客視点で臨むことが必要な関連業務に該当する領域への登用が考えられる。

ア．商品開発・改良

女性の持つ観察力を活かせる分野として、新商品の開発や既存商品の改良がある。特に、消費財においては、ユーザーとして男性よりも利用頻度が高いため、日常の場面で、商品に対する不満や要望を抱えている可能性がある。

これらの声を吸い上げることによって、新たな切り口を反映した商品づくりが可能となる。

また、女性の特性である相手の立場に立って想像することができる点をいかすことにより、ユーザー目線に立って、「何が求められており、どう応えて商品に反映していくべきか」を考えることができる。

ただし、その発想を具現化していくにあたり、収益性を考慮したビジネスモデルの構築が求められるが、感性のみならず分析に基づく男性的な論理思考が必要となるため、男女の特性を尊重しあうパワーバランスの均一化や風通しのいい組織風土を醸成することが肝要である。

イ．接客応対

インターネット販売が飛躍的に普及している近年では、単に物品を購入するのみなら、来店することなく人的介入が無くても完結できる。

しかしながら、小売業がなくならないのは、検索による商品購買行為では満足できない商材があるからだ。実物に触れて確かめたいというニーズに加えて、情報があふれているからこそかえって判断に迷うことも増えているため、自分自身では得られない判断に必要な知識や情報を販売員に求める。

よって、目の前にいる顧客が、「何を求めているのか」を的確に汲み取り、提案できる人材が求められる。

また、サービス業においては、サービスの提供プロセスに多くの人的介入が必要となる。

知識・技能の提供品質は担保されてしかるべきであるが、サービス業の特性として、無形であることや提供する人員によって品質が変動するため、顧客の期待値に合致したサービスを提供できているかを図ることが難しい。

そのため、顧客とのコミュニケーションを積極的に図り、顧客の満足度向上を実現するサービスが提供できているかを確認する必要がある。

事例企業においても、男性ＳＥが中心となっていた「店頭対応」は、専門知識や用語を理解している男性スタッフが、分からない状態で来店している顧客の立場を理解するのは難しいが、女性スタッフであれば、専門用語を難しく感じる顧客に対して、顧客と同じ目線、そして相手が理解できる言葉に変換して説明できるのではないかと考え、積極的に店頭対応に登用することができないかを考えた。

接客応対は、相手の求めているものを察知し、相手の立場を考慮することが比較的得意な女性の特性が生かせる分野であるといえる。

ウ．アフタフォロー

事業を継続させていくには、顧客のリピートを促すことが重要であり、商取引継続のために、顧客の満足を満たし続ける必要があるが、アフタフォローを事業者側から行うことによって、潜在化しているニーズへの対応も可能となる。

ただし、買い手側が必要性を認識していない状態でアプローチするため、杓子定規な対応では相手に不快感を与えかねない。

女性ならではの物腰の柔らかさや、相手の困りごとを拾い出すことに長けたコミュニケーション力が、買い手の胸襟を開き、関係性を深めることを可能にする。

④視点を変えて業務プロセスを見直すことはできないか？

人間はとかく慣れに流されやすく、変化に対する抵抗を感じやすいものであるが、自社を取巻く経営環境は日々刻刻と変化している。

今取り組んでいる業務とそのプロセスは、自社の商品・サービスに対する対価を払ってくれる顧客や、その商品・サービスの提供に貢献してくれている従業員の目線に立ったものとなっているか、視点を変えて業務プロセスを見直し、顧客及び従業員満足をどうしたら高められるかを再検討することで新たな可能性がみえてくる。

事例企業で店頭対応に女性スタッフを登用する際、ネックとなったのが、「見積もりによる価格提示」である。

詳細は後述するが、当初価格表は修理内容に応じて詳細に記されていたため、専門知識がなければどの項目に該当するか判断できず、積算もできないというプロセスになっていた。

そこで稲澤社長が考えたのは、顧客にとっても従業員にとってもわかりやすい価格体系にするために、「修理内容」ではなく、「作業時間」で考えてみてはどうかと発想した。

作業時間で基準を設定することによって、修理だけでない困りごとなどの相談も時間内であれば対応できるため顧客満足も向上するし、従業員にとっても作業時間という目安があるため、どこまで対応すればいいのか迷わず判断できると考えた。

業務プロセスは過去から工夫を重ねて今に至っているものの、現時点での最適であるかどうかは定かではない。

顧客とのやりとりにおいて、自社にとってわかりやすい、やりやすいといった都合で、顧客に対し不便・不満を抱かせていないだろうか。

従業員が不具合を感じていても、従前のやり方に合わせて職務遂行すべきだと見逃していないだろうか。

「顧客は何を求めているのか」、「今の業務プロセスは従業員にとって最適化されており生産性が上がるかどうか」、今一度視点を変えて、業務プロセスを再度眺めてほしい。

(2) 就業可能な状態を実現するための取組を検討する

前項のとおり、様々な着眼点で検討していくことによって、女性の就業可能性が見えてくる。女性の特性が活かせる職務内容については、いうまでもなく積極的な登用を図るべきであるが、前項の観点を踏まえて、女性の就業可能性を現実のものとするために、さらに掘り下げてどんな方策を講じるのか、具体的な施策にまで落とし込むことが必要である。

①テレワークで可能性を探る

前項のとおり、時間や場所の制約を最小限にし、ＩＣＴを活用することによって、職務内容によって、その物理的障壁の解消が部分的でも可能であれば、テレワークによる職務遂行ができないかを検討してほしい。

テレワークの形態には、主に自宅を就業場所とする在宅勤務、移動中や移動先を就業場所とするモバイルワーク、所属する事業所以外の施設を利用するサテライト事業所勤務などがある。

本項では、在宅勤務を念頭において、テレワークでの就業を実現するための方策について述べる。

ア．テレワークに向く職務かどうかを仕分ける

テレワーク可能な職務内容かどうかを判断するにあたっては、下記の着眼点を念頭において仕分けていくとよい。

（場所）

●接客応対や設備・機器操作など、事業所に在所しなければできない業務か。

（時間）

●特定の時間帯に職務を遂行しなければならないか。
●時間を分割して複数名の短時間労働をつなぎあわせることで対応可能か。
（ＩＣＴ活用）
●職務遂行上、必要な作業や共有化する情報の電子化は可能か。
●ソフトウェアやアプリケーションを導入することで時間・場所の制約は解消されるか。
これらを検討した上で、テレワークによる就業可能性があれば導入を検討する。

イ．テレワークの導入
テレワークの導入プロセスは次のとおりである。

ⅰ．推進体制の検討
ⅱ．導入方針決定
ⅲ．対象となる職務、対象者、実施頻度など実施範囲を決める
ⅳ．ルールの整備
ⅴ．ＩＣＴ環境の整備
ⅵ．テレワークの実施
ⅶ．テレワークの評価・改善

i．推進体制の検討

テレワークの導入にあたっては、従前の業務プロセスや職務のあり方を変えていかなければならず、従業員の理解を得ることが必要であり、一朝一夕に実現できるものではないため、経営トップ自らが導入にあたっての強い意思を示すことが重要である。

また、通常業務も担いながら実行していくことになるため、プロジェクトによる推進が想定されるが、情報システムや人事に関わる要素もあるため、従業員数によっては、横断的にプロジェクトメンバーを選出する必要がある。

ii．導入方針決定

テレワークを実現することによって得られるメリットは様々あるが、女性の就業可能性を高めるための方策として、全社員に認識・理解してもらえるよう導入の目的を明確にした上で、方針を打ち出して周知を図る。

iii．対象となる職務、対象者、就業時間など実施範囲を決める

業務プロセスごとに洗い出された職務の中から、テレワークでの勤務が可能な対象となる職務を定め、その職務を担当する対象者は誰か、全就業時間のうちどのくらいの時間をテレワーク勤務で対応するのか、週のうちどのくらいの頻度で実施するのかなどを検討し、実施範囲を定める。

特に対象者の選定にあたっては、テレワークにあたる明確な理由が必要である。

年次や評価による方法もあるが、女性の就業可能性を高めるにあたっては、育児や介護などライフステージによって設定するケースが多くなると考えられる。例えば、こどもの年齢や学年、人数などをもとに選定理由

を明確にする。

iv. ルールの整備

事業所外での勤務となるため、円滑な運用にあたっては、ルールの整備が必要となる。

就業規則など労務管理に関するルール、テレワーク勤務者と事業所勤務者とのコミュニケーションの方法、在宅勤務に伴う通信費や情報機器に関するコスト負担なども予め決めておくことが必要である。

v. ＩＣＴ環境の整備

テレワーク実現にあたっては、ＩＣＴ環境の整備は不可欠であるため、導入時点におけるテレワーク勤務者のＩＣＴ環境が整備されているかどうかを確認する必要がある。

詳細は、次項の「ＩＣＴの活用」にて後述するが、下記の点に留意しておく必要がある。

- 機器や回線などハード面の整備
- アプリケーションやシステムなどソフト面の整備
- セキュリティ対策の検討

vi. テレワークの実施

テレワーク勤務者の事業所外での就業環境の準備を整えることはもちろんであるが、事業所勤務者の理解・協力がなければテレワークは成立しない。よって、事業所勤務者に対してテレワーク勤務者の担当職務やコミュニケーション方法など、充分な説明を尽くした上で円滑に業務運営ができるよう基盤を整えた後に、テレワークに踏み切る必要がある。

vii．テレワークの評価・改善

実際に運用を始めると想定外の事象が発生する可能性もあるため、テレワークそのものに不具合が生じていないかを確認し、必要に応じて改善していく必要がある。

ウ．テレワーク導入時の留意点

●段階的に実施する：テレワーク導入時は、「就業環境の変革」を伴うため、軌道修正が必要な事態になった場合、影響を受ける範囲を広がると本来業務に支障をきたしかねない。試行的に実施し、本格導入しても問題がないかを検証する必要がある。

まずは、対象者を絞る、実施日数・時間を限定するなどした上で、不具合を修正しながら、段階的に対象範囲を広げていくことが望ましい。

●トラブル発生時の対応体制を検討しておく：テレワークの導入が始まったのちに、実際に運営してみないと予測できなかったトラブルが発生する可能性があることは否めない。トラブル発生時には、時間的・場所的制約を受けるため、できるだけ速やかに対応するための体制を構築しておく必要がある。被害を最小限に食い止めるために、誰にどのような方法で判断や指示を仰ぐかを明らかにしておくことが求められる。

②職務内容を作業単位に落とし込んで可能性を探る

職務内容によっては、職務遂行に必要な知識・経験・技能・ノウハウ・資格などについて、どの程度蓄積・習熟しているかによって達成度合いに影響してくるものもある。

しかし、職務内容をもとにさらに作業単位にまで最小化することによって、現時点では特定の担当者がフルカバーしている仕事を部分的にであっても他者へ割り当てて分担していくことも可能となる。

部分的にでも職務を分担することが可能になれば、特定の職務を抱えていた従業員の負担は軽減され、本来担当すべき職務に集中するができるため、生産性の向上も期待できる。

職務分析を通じて抽出した職務内容をもう一段細分化して、職務分担を検討するための着眼点は以下のとおりである。

ア．職務遂行に必要な能力を再確認する

求められている個々の職務をさらに細分化していくと、基礎知識と作業手順さえ分かれば職務遂行できるものもあれば、作業のみならず「判断」までも求められる職務については、一定水準の知識・経験などに基づいた能力が必要となる。

職務内容を割り当てていくにあたっては、その職務において、どのような知識・経験・技能・ノウハウや資格が必要なのかを再確認していただきたい。

そして、一定期間を経なければ蓄積できない知識や経験などがあるものの、全ての作業にそれらが必要か、特殊なケースのみではないかを再確認してみる必要がある。

イ．どこまでのレベルを求めるのかを検討する

前項にも関連するが、職務内容によってはマニュアルなどを一読して手順がわかればこなせる職務もあれば、職務遂行に必要な能力を得るには相応の期間が必要になり、一足飛びに修得することが難しいものもある。

自社においては、職務遂行上、どのような作業内容が多く生じていて、その作業に対してどこまで修得している必要があるのか、「どこまで」を明らかにしておくことで、誰にどの仕事を任せるのが効果的かも明確になる。

また、職務遂行上、求められる能力の難易度を設定することにより、従業員にとって、その職務を担っていくには、何をどこまで修得すればいいのかも明らかになる。

さらに、評価制度と連動させることによって、報酬に関する納得度を高めることや、何を目指していくべきかが明確になるため、モチベーションの向上にもつながる。

ウ．工夫はできないか考える

業務運営を円滑に行うためには、個々人が担当する職務を遂行するために、求められる知識・経験などが十分でなければ、「どうやってできるようにするのか」を工夫することが重要である。

知識を拡充するならメモをして覚えたり、経験が足らなければ研修を受講したり、資格が必要であれば勉強したりなど、自助努力で補うことが望ましいのはいうまでもない。

しかしながら、事業所全体の取組として工夫をほどこすことによって、自助努力に依存することなく、従業員の能力向上に加速をつけることができる。

例えば、知識を補ってもらうのであれば、マニュアルを事業所として一元化して整理し、必要な知識や情報を網羅し、職務遂行上困ったらいつでも確認できるものを作成しておくことによって、わからないことを心配することなく就業することができる。

研修については、会社に必要な知識をできるだけ早く修得して能力を発揮してもらうために、いつ何を学んでもらうか体系化して、いつまでに履修するのか、計画に落とし込んでおくと実行精度が高まる。

資格の取得費用についても、事業所側で一部もしくは負担する、または、資格手当を付与するなどして、動機づけにつなげていくこともできる。

今回の事例企業で特徴的だったのは、「修理業務」を十把一絡げにして考えるのではなく、修理内容について、難易度を分析して丁寧に振り分けたことである。

パターン化された修理内容を実際に専門的な知識や培った経験をもとに難易度を設定して振り分けてみると、修理依頼の約８割は難易度の高いものでなく、基礎知識を抑えていれば十分対応可能なものであることが分かった。

よって、約８割の修理業務は女性スタッフであっても対応可能なため、自社のマニュアルや研修等のサポートがあれば問題なく修理業務に注力でき、男性ＳＥは難易度の高い修理や自身の後進の育成に時間を割くといった、個々人のパフォーマンスが最大化できる状態が実現できている。

このように、「難易度」などの基準を設けて丁寧に職務内容をみていけば、他者とワークシェアを可能とし、一連の業務を問題なく遂行することが実現できる。

③視点を変え業務そのものを見直すことにより可能性を探る

自社が行っている日々の業務活動について、どのようなプロセスを経ているかを全体的に俯瞰することはふだんあまり意識されていないが、このように業務を言語化して流れを整理し、可視化することによって、確認することが可能となる。

業務プロセスを確認していくなかで、顧客の要望をふまえた業務内容や流れになっているか、業務から次の業務への引き継ぎは適切に行われているか、業務量は各部門や担当者へと適正に割り振られているかが炙り出されていく。

事例企業では、以前、修理項目を百以上に細分化した価格設定を行っていた。

顧客にとって詳細な金額提示による安心感はあったものの、パソコンに詳しくない顧客は、自分が必要とする修理がどこに該当するのかがわからないという側面があった。

その価格表は、つまり男性SE用で詳細であるがゆえに、女性スタッフにとっては知識や経験値がないとどの項目に該当するか判断できないため、自分たちには見積もりができないという思い込みにつながった。

「顧客」と「従業員」の両者が不幸な状態は、会社にとっても好ましくない。

このような問題の解消には、経営者自らが視点を変えて業務プロセスそのものを見直すことが必要である。

稲澤社長の頭に浮かんだのは、顧客の真のニーズは、「パソコンの修理に要する1円単位の金額の詳細が必要」なのではなく「概算金額で構わないから、早く修理をすると決めて依頼できる」ということである。

そこで思いだしたのが、帽子販売店で見かけた3プライス表示だ。

様々なデザイン、素材、縫製があるため、それぞれかかるコストは異なると推察できるが、3プライスに振り分けた価格表示について、顧客は疑念を持つわけでもなく、納得して購入している。自社でも同じことが可能ではないかと考えたのが、修理にかかる「作業時間」に基づく価格提示である。

パソコンの修理と一口に言っても、ピンからキリまであるが、男性ＳＥはその難しさやレベル感が把握できる。

しかし、女性スタッフは、目の前の故障原因が分かっていても断定することに躊躇があるため、金額をいくらと伝えていいか自信が持てない。定価の商品を販売する業種ではなく、「最初に提示した金額が全て」のように思われてしまうため、女性スタッフにとって「金額を伝える」ことは大変ハードルが高かった。

ただし、パソコンの不具合には原因があり、そのためにどんな修理でどれくらいの時間がかかるかはある程度パターン化できる。

稲澤社長は、まず、修理の難易度を「①簡単」、「②普通」、「③難しい」と、大きく3つに分類し、その「難易度」と「修理時間」を紐づけて、「①～30分以内」、「②30分超～90分以内」、「③90分超」の3つに大きく定型化し、さらに「金額」にまで連動させた。

金額は、基本的な考え方として、「1時間：10，000円」を基準価格と設定した。

難易度「①簡　単（低）」　30分以内の修理（店頭）　5，000円（簡易な操作説明なども含む）
難易度「②普　通（中）」　30分超90分以内の修理（預かり）　15，000円
難易度「③難しい（高）」　90分超の修理（預かり）　25，000円～

女性スタッフはまず難易度をもとに、①の場合は「店頭」で対応するが、②、③の場合、「預かり」と判断

する。さらに「預かり」については、90分以内なら②、超えるなら③と、修理時間をもとにして、二択で判断すればよく、金額は「1時間10,000円」という基準価格さえ覚えておけばいい。

この仕組みを導入することにより、女性スタッフは概算で見積もりができるようになり、顧客に金額提示し、受注までできるようになった。

ちなみに、出張による修理の価格設定も「1時間：10,000円」と一致しており、同社における修理価格算定の統一基準となっている。

このように判断可能な状態にするために、わかりやすくシンプルな仕組みを構築することで、修理にかかる時間の算定を男性SEの経験値に依存するところから、修理に必要な標準修理作業時間へと転換してパターン化することで、女性スタッフにおいても、見積もり作業が難しいものではなく、自分たちでもできるという自信につながった。

顧客は、我が社の商品・サービスを通じて、どんな「不」を解消しようとしているのか、真のニーズを実現するための業務プロセスになっているかどうかも検討してほしい。

(3) 就業可能性検討シートを活用する

① 就業可能性検討シートの構成

これまで、女性の就業可能性を検討するための着眼点として、①物理的障壁の克服が必要な要素（時間・場所による制約を超えられないか）、②性差による得手・不得手がある要素（女性の特性により不得手な分野ではないかという思い込みに陥っていないか）、③積極的要素（女性の特性をより活かせるか）、④視点を変えることで就業可能にする要素（業務プロセスを見直すことで可能性が広がらないか）、からどう可能性を探り実現を可能にするかを述べてきた。

実際に就業可能性を検討するにあたって、これらを抜け漏れなく、また、業務全体を最適化することを考慮すると、頭の中だけで判断することは難しい。

現在の状態をもとに、4つの着眼点から得られた気づきを踏まえ、どのような施策を講じれば就業を実現可能となるのか、順を追って書き出すためのシートとして、図表3－6「就業可能性検討シート」を用いて落し込んでみることをお勧めする。

本シートの①から④については、前章で示した図表3－4「職務内容一覧表」の内容をそのまま転記するとよい。

これらの項目によって、「①業務プロセス～④現在の状態」までは整理ができている。

さらに、この①から④までの項目に加えて、まず、⑤の「就業可能性を検討するための4つの着眼点」から柔軟に発想をめぐらせて可能性を検討する。

⑤で就業可能であるという可能性がみえてきたら、どうすればその可能性を実現できるのか、⑥の「女性の就業を可能にする取組」の欄に具体的な方策を考えて記入する。

②事例企業による女性の就業可能性検討シート

実際に本シートを使用するにあたり、今回の事例を反映した就業可能性検討シートを例として図表3－7に示すので参考にしていただきたい。

左側には改革前の状態である「①業務プロセス、②職務内容、③現在の担当者、④現在の状態」を記載している。

図表3-6　女性の就業可能性検討シート

①	②	③	④	⑤	⑥
業務プロセス	職務内容	現在の担当者（部）	現在の状態	就業可能性を探るための4つの着眼点： ①物理的障壁の克服が必要な要素（時間・場所による制約を超えられないか） ②性差による得手・不得手がある要素（女性の特性により不得手な分野ではないかという思い込みに陥っていないか） ③積極的要素（女性の特性をより活かせるか） ④視点を変えることで就業可能にする要素（業務プロセスを見直すことで可能性が広がらないか）	女性の就業を可能にする取組

次に就業可能性の検討プロセスとして、⑤には４つの着眼点からどのような着想を得たか、⑥には具体的にどうすればできるのか検討結果を記載している。

さらに、その右側に、改革後の状態となる①業務プロセス、②職務内容、③現在の担当者を記載した。

網掛けの部分が、業務をする上で必要な職務内容を見直し、担当として女性スタッフを新たに登用した箇所であり、新たに加わった業務である。

顧客に直接関わる業務ができるようになったため、彼女たちの活躍場面は大幅に増えた。

「技術者依存・人依存の脱却」を図るため、その解決策として積極的に「女性の力を活用」するには、どうしたらできるのか、柔軟な発想で可能性を追求していくことにより、女性スタッフの職務領域が大幅に拡大したことが見て取れる。

さらに、男性スタッフは自身の能力が発揮できる高度な修理業務に集中することができるために生産性が向上し、女性スタッフの教育にも時間や労力を割くことが可能にもなった。

女性の就業可能性を広げることで、全社としてのポテンシャルも向上したことが伺える。

図表３－８に、本項で述べた女性の可能性を検討するのに必要な一連の流れをまとめたので参考にしていただきたい。

(4)　取組内容の実行と修正

前述のステップに従って、女性の就業を可能にする取組が見えてきたら、より具体的に担当職務レベルへと落とし込み掘り下げていく。

Solutions」の就業可能性検討シート

討プロセス	改革後		
⑥	①	②	③
性の就業を可能にする取組	業務 プロセス	職務内容	現在の担当者（部）
・プロジェクトチームをつくる。 ・在宅ワークを取り入れる。	広報	・HPの更新 ・SNS活用 ・ニュースレター発行	広報チーム （在宅スタッフ含む）
	問合せ対応	・HP、電話等の問合せ対応	女性スタッフ
・受付時のカルテを策定する。 ・わかりやすい資料を整備する。 ・パソコンに詳しくないが、話の上手な女性を登用する。	ヒアリング	・基本情報の確認 ・不具合状況の確認 ・大まかな不具合の原因特定 ・お客様カルテの作成	女性スタッフ
・原因と修理パターンを簡略化する。 ・3プライスに金額を集約する。	見積	・大まかな積算 ・預かりの必要性判断	女性スタッフ
・主訴以外の不満箇所をヒアリングし、潜在ニーズに対して、問題解決を提案するためのセールストークと補完ツール（資料）を整備する。	提案	・推奨商品の提案	女性スタッフ
・簡易修理や、操作説明はその場で対応する。 ・概算金額を提示する。	店頭修理	・短時間で対応可能な修理	女性スタッフ 男性SE
	連絡	・預かり品の価格連絡	女性スタッフ
・過去の実績データから、難易度の高い修理は2割であるため、残りの8割をこなせるスタッフの育成プランを策定する。 ・細分化した原因を包括した修理内容に集約する。	預かり修理	・店頭預かり ・修理 ・修理報告書、請求書の作成	修理：難易度の高いものは男性SE、それ以外は女性スタッフ 修理報告書・請求書の作成：女性スタッフ（ただし、詳細説明が必要な時のみ男性SEが行う）
・法人客は男性が出張し修理と提案を行う。 ・個人客は、来店を誘導する。 ・時間が合わない、遠方などの場合は宅配修理を提案する。 ・商品到着後は、来店同様に難易度に応じて対応する。	出張	・引き取り ・宅配便による回収 ・修理 ・修理報告書、請求書の作成	引き取り：男性SEもしくは宅配便の利用 修理：難易度の高いものは男性SE、それ以外は女性スタッフ 修理報告書・請求書の作成：女性スタッフ（ただし、詳細説明が必要な時のみ男性SEが行う）
	請求	・請求書の発行	女性スタッフ
・男性SEからの修理に関する情報は、わかり易く、シンプルにしてもらう。	連絡	・修理完了連絡 ・引き渡し形態の確認	女性スタッフ
・先輩にフォローをしてもらう。 ・難しい情報を求められ得た場合は、男性SEに対応を依頼する。	納品	・店頭受け渡し ・修理内容説明 ・宅配便による配送	女性スタッフ
・女性スタッフもできるように、カード決済などの操作方法を覚える。	回収	・店頭での回収 ・振込 ・カード決済	女性スタッフ
・在宅で対応可能な環境を整備する。	事後処理	・付随するデータの入力	女性スタッフ（在宅スタッフ含む）
	経理処理		女性スタッフ
・朝礼はお客さまの情報共有とする。 ・部門別に担当者を決定する。 ・月次報告のフォーマットを策定する。 ・会議方法を教え、スタッフが運営できるようにする。	会議	・朝礼 ・月次報告：情報共有、部門別計画に基づく進捗管理	全社員
・到達チェックシートと、ステップアッププランを策定する。 ・業務マニュアルや技術情報を動画にし、ネットでいつでも閲覧可能な状態にする。	教育	・マニュアル作成、更新 ・社内木鶏会	全社員

図表3-7　事例「株式会社Be Magica

改革前				就業可能性
①	②	③	④	⑤
業務プロセス	職務内容	現在の担当者（部）	現在の状況	女性の就業可能性を探るための4つの着眼点： ①物理的障壁の克服が必要な要素（時間・場所による制約を超え れないか） ②性差による得手・不得手がある要素（女性の特性により不得手な 分野ではないかという思込みに陥っていないか） ③積極的要素（女性の特性をより活かせるか） ④視点を変えることで就業可能にする要素（現状を見直すことで可能 性が広がらないか）
広報	・HPの更新 ・SNS活用 ・ニュースレター発行	稲澤社長	・社長自身が行っており、遅れが生じがちである。	・従業員に任せられるのではないか？（④） ・外部委託することも可能ではないか？（④） ・在宅でも可能ではないか？（①）
問合せ対応	・HP、電話等の問合せ対応	女性スタッフ		
ヒアリング	・基本情報の確認 ・不具合状況の確認 ・不具合の原因特定 ・お客様カルテの作成	男性SE	・不具合が生じたパソコンの顧客対応は男性SEが聞き取りを行っている。	・聞くべきこと、見るべき点は定型化出来るのではないか？（④） ・専門知識のトークは不要ではないか？（④） ・顧客にとっては、女性の方がハードルが低く話しやすいのではない か？（③）
見積	・積算	男性SE	・男性SEが原因を推察したうえで解決策を提示し、細分化されたメニューを基に概算価格を提示している。	・原因は数パターンに分類できるのではないか？（④） ・見るポイントさえ教えれば、知識が少なくても対応できるのではな いか？（②） ・金額も簡略化できるのではないか？（④）
			・持ち込まれたパソコンの修理に関する提案が中心である。	・修理をしてほしいのではなく、安心を求めているのではないか？ （④） ・原因の解消だけではなく、それ以外にも不満があるのではないか？ （④） ・より良く使うための情報を求めているのではないか？（④） ・ツールがあれば高い専門知識を持たない女性でも説明できるので はないか？（②）
			・ひとまず、一旦預かって修理を行っている。	・店頭で出来ることもあるのではないか？（④） ・その場で直ると、満足度は上がるのではないか？（④） ・一度預かったほうが、安心できる場合もあるのではないか？（④） ・その判断ができる仕組みがあればいいのではないか？（④） ・経験の浅いスタッフが困らない逃げ道が必要ではないか？（④）
連絡	・見積もり価格連絡	男性SE		
修理	・預かりによる修理 ・修理報告書の発行	男性SE	・修理及び報告書の作成はSEの男性のみ。	・難易度を分ければ、経験が少なくても出来る業務が有るのではな いか？（②） ・判断基準を明確にすれば、修理パターンを少なく出来るのではな いか？（④） ・難易度の高いものは男性SEに任せれば良いのではないか？（②）
出張	・回収 ・修理	男性SE	・修理及び報告書の作成はSEの男性のみ。	・法人客の場合、まずは出張が必要なのではないか？（④） ・女性が出張するのは、危険が伴う場合もあるのではないか？（②） ・個人客は、来店可能な方が多いのではないか？（④） ・遠方でも当店を利用されたい方がいるのではないか？（④） ・営業時間内に来店できない方もいるのではないか？（④）
請求	・請求書の発行	女性スタッフ		
連絡	・経過の連絡 ・修理完了連絡	男性SE	・顧客への応対は男性SEのみ。	・お客様と、自社女性スタッフの認識レベルはほぼ同じ（難しいこと はわからない）ではないか？（②） ・連絡する内容がわかりやすい情報であれば、女性スタッフでも連 絡ができるのではないか？（②）
納品	・修理内容説明 ・店頭受け渡し	男性SE	・顧客への応対は男性SEのみ。	・フォローがあれば、女性スタッフによる対応が可能ではないか？ （②）
回収	・店頭での回収 ・振込 ・カード決済	男性SE	・顧客への応対は男性SEのみ。	・そもそも、男性でなくてもいいのではないか？（②）
				・事後処理可能なデータ入力は、在宅でも可能ではないか？（①）
経理処理		女性スタッフ		
会議	・朝礼 ・月次報告会議：業務上の情報共有	全社員	・朝礼及び月次の会議は行っているが、形骸化している。 ・年間計画は社長主導で作成し、年初に共有した後は活用できていない状態である。	・お客様の現状の情報共有が必要ではないか？（④） ・役割が明確でなかったのではないか？（④） ・何をするかを自分で決めるといいのではないか？（④） ・スタッフで会議の運営も出来るのではないか？（④）
教育	※体系化した制度はなし		・短時間勤務者が中心のため、短期間で習熟度を向上させるのには限界がある。	・到達目標を設定する必要があるのではないか？（④） ・いつでも自学できる仕組みがあればいいのではないか？（④）

※網掛け部分は女性スタッフ担当職務

図表3-8　女性の就業可能性を検討するステップ

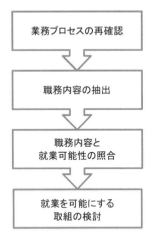

業務プロセスの再確認	①検討メンバーの選出 ②自社の業務プロセスの洗い出し
↓	
職務内容の抽出	①職務情報の収集（ヒアリング） ※図表3-3：職務内容ヒアリングシート ②職務情報の整理 ※図表3-4：職務内容一覧表
↓	
職務内容と就業可能性の照合	①物理的障壁（時間・場所）の制約の要素 ②性差による得手・不得手がある要素 ③女性の特性をより活かす積極的要素 ④視点を変えることで就業可能にする要素
↓	
就業を可能にする取組の検討	①テレワーク導入で見えてくる可能性 ②作業単位への落とし込みから見えてくる可能性 ③業務の見直しから見えてくる可能性 ※図表3-6：就業可能性検討シート

取組内容は、業務プロセスに従い、職務分析で抽出した内容をもとに、口頭での伝達が難しい、または、重複して説明が必要な職務や、一定期間をかけて習熟する必要がある職務については、マニュアルを作成することをお勧めする。

マニュアルについては後述するが、マニュアルを作成して職務を「見える化」することにより、属人性に依存しすぎない運営をすることが可能となる。

ただし、可能性として立てた仮説から導き出した取組内容を実行段階に移したとき、当初の想定どおり進まないことや、想定外の事象が発生することは否めない。

実際には、実行段階に移した後に、不具合はないかどうか、不具合があるとすれば、何が原因になっているかを特定し、どう修正をしていかなければならないのか、必要に応じて運営に支障がないように逐次修正していく。

実行にあたっては、問題の発生要因として次の原因が考えられる。

●人　材：職務を担う人材の能力やマンパワーの不足など
●仕組み：職務移管が不連続、情報共有の不足など

●制　度：職務遂行に必要な能力育成体制の未整備など

発生した問題にはかならず原因が潜んでいる。

仮説に基づいた方策を実行する段階では、多くの場合理想と現実の間にギャップが生じるため、一足飛びで理想的に業務活動が回っていくとは考え難い。

滞りなく業務運営していくためには、実施後も担当者にヒアリングを行い、不具合を生じさせている原因が何なのかを特定できるよう、丁寧に汲み取り根気よく修正を施していく必要がある。

(5) 女性の就業可能性とともに広がる事業の可能性

これまで、自社の現在の業務プロセスをもとに、業務ごとに構成されている職務レベルまで細分化して、見方・やり方を考え、変えることによって、女性の就業可能性を見出すことができないかを述べてきた。

これらの手順に従って検討を進めることにより、従前の就業形態では女性従業員に対して与えることなく進めていた職務について、丁寧に細分化し、かつ、「どうしたら実現できるのか」という柔軟な発想を用いることで、現有人材の職務領域を拡大してポテンシャルを高める、また、新たな女性従業員の採用の実現につなげていくことができる。

ただ、これらの取組は女性の就業可能性を見出すことにとどまらず、男女問わず現有人材の就業内容が適正かどうかを見直すことにもつながる。

日々の業務活動は、当たり前のように流れているように見えるため、問題が起こったときに対処療法的な措置でおさめてしまいがちであるが、根本的に問題を生じている要因は解決されないままに放置されていることが間々ある。

時間や場所の制約、性差からくる特性によって就労に限界があると認識されがちな女性の働きやすさを見出そうと思えば、現時点で各業務に関与する従業員にとっても、業務遂行上発生している問題点が浮き彫りになってくる。

これらの問題点をどう解決して、女性の就業可能性を高めるかを考えることで、自社にとって全体最適を生む業務プロセスと職務分担を実現するために、どのように業務改善すべきかも必然的に明確になる。

現在の業務の流れと職務の分担は、女性のみならず全従業員にとっても働きやすいだろうか、それは担当職務を変えるだけで実現できるだろうか、そのためにどのような業務改善が必要かを検討していくことが求められる。

さらに重要な視点は、顧客の真のニーズは何かを見極めることである。

本来、顧客は何らかの「不」を解消したいという想い、また、現状よりもさらによりよくなりたいといった高次の要求を満たしたいという想いを実現させるために、商品やサービスを解決手段として用い、それらの商品・サービスを利用・消費することによって想いを満たしている。

ともすれば、事業者側にとっては自社が提供する商品・サービスをいかにして認識し選択してもらうかを重要視しやすいが、商品・サービスは顧客にとって何らかのニーズを満たすための手段として用いられているという背景を理解しておくことが必要である。

自社の業務を振り返ったとき、自社の都合で顧客の真のニーズを見落としていないかを今一度考えてみることが求められる。

顧客の立場にたって振り返ることで、真のニーズをとらえた業務の流れが見えてくるだけでなく、そのニーズを具現化するために、新たな取組が必要となり、新規事業の立ち上げにもつなげていくことも可能となる。

全体から職務レベルの細部に落とし込み就業可能性を検討するとともに、顧客との関わりも踏まえて、全体最適を実現するための業務改善や顧客の真のニーズを満たすための新規事業の立ち上げについても併せて考えていただきたい。

就業可能な状態にするための環境整備

1　円滑な業務運用のためのマニュアル化

(1)　マニュアルの必要性

与えられた職務を円滑に遂行するにあたり、担当する内容によって長短あるが、基礎知識の理解や実務経験を蓄積するために、相応の期間を要するのが一般的である。

しかしながら、事例にもあったように、特に短時間勤務の場合は、必然的に基礎知識の理解や実務経験を積む機会が少なくなるため、職務に対する習熟度が上がりづらい状況が発生する。

職務遂行に必要な知識や経験が、特定の人材によって属人的に依存している状態でとどまっていると、他の職種からローテーションするにしても、新たに人材を確保するにしても、職務の引き継ぎを効率的・効果的に行うことができなくなる。

問題解決のためには、必要な知識・経験などを「可視化」し、マニュアルとして落とし込んで、「共有化」することによって、補完することができる。

(2) マニュアル作成の流れ

① マニュアル化すべき対象範囲を特定する

これまで述べたとおり、自社の業務とその遂行に必要な職務内容は明らかになっているので、従業員間で共有することが必要な職務は何かを特定する材料は揃っている。

マニュアルの活用が必要となるのは次のような場面が想定される。

- 新たに採用された人材ができるだけ早期に担当職務を遂行できるようにする
- 配置転換で新たな職務を担当することになった従業員が早期に遂行できるようにする
- 職務遂行上、必要な経験や専門的な知識・技能の習得を補う

採用時には、担当する職務のみならず、就業する上で必要なルールや、一通り会社で行っている業務を理解してもらうなど、事業活動に参画する上で必要な基礎的知識・情報などを伝えておく必要がある。

採用時に伝えられるこれらの知識や情報は、頻繁に変更するものでもないため、固定化しやすい。

また、できるだけ早い段階で即戦力化してもらうならば、順序だてて無駄なく効率的に知識・情報を取り入れて習得してもらう必要がある。

さらに、人によって、教える内容にばらつきがでないようにするためにも、採用時に何を伝えるかをマニュアル化しておくことが望ましい。

配置転換時にも新たに担当する業務マニュアルがあれば、何をどこまで行うのかを明らかにすることで、新たな職務でも習得度を速成することが可能となる。

職務分析時にヒアリングした、職務遂行にあたって習得が必要な経験、知識、技能などのうち、ＯＪＴでの習得による実務経験の延長戦上ではなく、一定期間を経ないと身につけることが難しい、意識的に学習しなければならない内容などについては、マニュアル化しておくことが有効である。

さらに、業務を大局的に俯瞰した上で、全従業員にとって必要な職務、そして、各担当者にとって必要な職務をどのように伝えると効果的なのか、体系化して整理しておくことも重要である。

②優先順位を決める

マニュアルの作成には、頭の中にある知識や、普段意識せずとも経験によってこなしている職務をあえて明文化し、整理していくため、相応の労力や時間がかかる。

そのため、体系立てて整理してもすべてのマニュアルを短時間で整備することは難しいため、数ある業務の中から、頻度の高い業務や関与する人数の多さなどを鑑みて、優先順位を決めて着手することも必要である。

③マニュアルの活用方法を考える

マニュアルを作成しても活用されなければ宝の持ち腐れになるため、随時活用できる環境と活用してもらうためにはどんな形態にするかを決めておかなければならない。

マニュアルを閲覧する対象者は誰か、どのような時に、どんな状況下で確認するのかを想定する必要がある。

マニュアルの形態には、バインダー方式や手帳サイズなどの紙媒体だけでなく、昨今では電子媒体の利用もできる。

また、マニュアルを作成しても、どうすれば閲覧できるのか、保管場所を明らかにして特定し、従業員に周知しておかなければならない。

特に、テレワークを導入する場合は、場所や時間などの物理的な制約があったとしても、従業員が職務遂行にあたって必要な知識・ノウハウを、必要な時に入手できるようＩＣＴを活用するなど環境も合わせて整えておく必要がある。

④マニュアルを作成する

マニュアル作成にあたっては、対象となる職務ごとに、職務遂行に必要な作業手順まで落とし込んで整理する。

抽出した作業は進めていく上で留意するポイントを付記しておくと、担当者の経験などの暗黙知が形式知化されるため、属人性を取り除くことができる。

また、定型化することが可能なものは予めパターン化しておくとよい。

事例企業では、報告書作成に必要な文言集を、よくある問合せには質問と回答例を作成している。

また、誰がみても理解できる内容にすることが必要なため、文章表現が難しい場合は、図や表、写真などでわかりやすくするなどの工夫が必要である。

とくに、技能やノウハウなどの目に見えにくい内容については、紙媒体などで伝えることに限界があるので、動画などを活用することも一考である。

なお、事例企業では、研修で伝える知識やノウハウなどを動画撮影し、スタッフが見返すことが出来るようYou Tubeにアップしている。

(3) マニュアル活用時の留意点

① 逐次情報を更新する

マニュアルは、頻繁に変更することのない内容もあるが、顧客の要望のみならず、法律や経済活動をはじめ、自社を取巻く外部の環境変化によって、変更していかなければならない内容もある。よって、作成したマニュアルに記載されている変更が必要な情報については、逐次更新していかなければならない。

また、マニュアルを更新した場合は、どの時点で更新したのかを把握しておかなければならないので、更新した日付と更新した人物を記載しておくとよい。

② マニュアルを補完するツールの整備

マニュアルは職務遂行に必要な知識や情報が記載されているが、全てを頭に入れるにも限界がある。

事例企業では、女性スタッフが来店客に対して、誰でも商品提案ができるよう、販促用のツールを作成して、属人性に左右されない営業活動が行えるようにしている。

作業手順に従って進めていく中で、目的や必要性に応じてマニュアルから必要な情報を集約したツールなどの活用も含めて補完するツールの整備も考えたい。

2　ＩＣＴの活用

(1)　時間や場所の制約を解消するＩＣＴの利活用

前出のとおり、テレワークによって就業の可能性が見えてきたら、事業所外からでもアクセス可能で、必要な情報をリアルタイムに入手できるような環境を整備しなければならないが、それはＩＣＴの利活用によって実現できる。

①テレワーク導入に向けた事前準備

テレワーク導入にあたり、これまで事業所で行っていた職務について、部分的にそのまま自宅に持ち帰ればできるという単純なものではないため、事前の準備が必要である。

まずは、職務遂行上必要な情報の特定が必要となるが、時間や場所の制約を超えて、同じ場所、同じ時間で過ごしているのと同程度に、入手及び共有すべき情報の例としては、次の項目が挙げられる。

- スケジュール：関係者間で、誰がいつ何をどこでしているか把握できることによって、円滑な業務運営を可能にする。
- タスク：やるべき作業に何があり、いつまでに終える必要があるのか、また、現時点でどこまで取り組めているのかを確認できるようにする。進捗状況からその時点での関係者に課せられている職務の集中度が把握できるため、適正に処理されるにはどうすべきかを対策を講じやすくする。
- 顧客情報：顧客に関する情報を特定しなければならない職務であれば、顧客情報へのアクセスが必要である。

●マニュアル：職務遂行上、必要な知識・技能等を確認できる。

ただし、これらのうち、タスクについては、「優先順位」づけや「判断」、そして「納期」が伴う。出社していれば、担当しているタスクに対して、常時、指示を受けられる、また、疑問点を相談できる人がいる状態であるが、テレワークではこれらの状態を整えられないため、職務に取り掛かる順番や手順をどう判断するか、疑問が生じたときの相談方法をどうするかを予め検討しておかなければならない。

事例企業においては、テレワークをする在宅スタッフのためにタスク管理ができるように社内の基幹システムに機能を付加した。

まず、発生するタスクを特性に応じて下記のように分けた。

ⅰ．会社全体で行う必要のある単発のタスク
ⅱ．事前に計画を立てて準備した計画的なタスク
ⅲ．日常的に行うべきルーチンとしてのタスク

これらのタスクは、システム上で優先順位と締切が設定されているため、「何にいつまでに取り組まなければならないのか」が明確になっている。

また、運用は次のとおりである。

ⅰ．については、基幹システムから、スタッフ誰もが随時登録

ⅱ．については、年間計画に基づき、事前に計画登録

ⅲ．については、オフィス勤務者が日常業務として、テレワーク勤務者のための事前準備を行う

ただし、ⅲについては、オフィス勤務者から「なぜテレワークスタッフのために私たちが事前準備しなければならないのか？　テレワークスタッフ自身が出社して準備すべきではないか！」という声が挙がったという。双方がお互いの立場を配慮しなければテレワークの実現は難しいと考えた稲澤社長は、オフィス勤務者に「その考え方は間違っている。テレワークスタッフはオフィス勤務ではできないことを在宅で対応してくれているのだし、その業務ができるよう準備することもオフィス勤務をする人の担当業務の一環と考えて欲しい。」と明言して理解と協力を求め、業務フローの追加変更を実施することで事前準備を整えた。

また、不明点の確認などヘルプが必要な場合、誰にどの媒体を使って連絡するのが適切かコミュニケーションラインを整備しておくことも重要である。

②ICT環境におけるハード面の整備

ICT環境に関して確認すべき点は、利用機器とシステム回線である。機器や回線などの環境については、事業所側で整備するのか、テレワーク勤務者で整備するかについて、双方の事情を考慮して検討する。

特に検討が必要なのは利用機器で、パソコンやタブレット、スマートフォンなどが考えられるが、すでに業務外で私的に保有しているケースが多いため、就業にあたってテレワーク勤務者が保有している端末を利用す

るのか、事業所から貸与するのか選択しなければならない。

機器においては、テレワーク勤務者が自分の機器を活用する（ＢＹＯＤ：Bring your own device：私有のデバイス活用）というケースもあるので、希望を聞いておく。

テレワーク勤務者の保有している端末を活用することによって、テレワーク勤務者は使い慣れたものを利用できる、事業所側は導入コストが低減できるというメリットがある。

しかし、一方で、テレワーク勤務者が保有している端末を活用して事業所側のシステムにアクセスしてデータの閲覧や操作をすることにより、端末側に情報が残っていることも想定されるため、情報漏洩リスクを考慮した対策を講じておくことが必要である。

また、テレビ会議などでコミュニケーションを行うことも生じるため、自宅に仕事用のスペース確保ができるかも確認をしておく必要がある。

③テレワークを可能にするソフト面の整備

ハード面の整備ができたら、前項で挙げた情報などをもとに、次は業務の推進や管理、関係者間のコミュニケーションを実現させるための、システムやアプリケーションを選定し、導入しなければならない。

業務においては何をどこまでＩＣＴ環境上で行うかによって、汎用性のあるシステムで対応可能なのか、カスタマイズしたものが必要なのかを選定することとなる。

事例企業においては、業務管理システム「kintone」を導入し、カスタマイズして活用している。

同社では、属人性から脱するために、誰でもどのタイミングでも対応できるようワークシェアをしているため、先に述べたタスクは一覧できるようになっており、いつだれがどこまで対応したかを紐づけられて閲覧できるようにしている。そのため、今後取り組むべきタスクについて、次に何をしたらいいかが誰が見てもわかるし、誰でも取り組めるようにしている。

また、テレワーク勤務者とオフィス勤務者との連携やテレワーク勤務者の労務管理に必要な情報をやり取りする上でもコミュニケーションは欠かせない。

昨今ではコストをかけずとも、メールのみならず、チャットや電話・ビデオといった会議システムなどのツールを活用することで、リアルタイムに意思疎通をすることができる。

事例企業においても会議については、テレワーク勤務者に可能な限り時間の調整をしてもらい、リアルにコミュニケーションしている。

また、会議の議事録についてもクラウド上にアップし、誰でもいつでもどこでも確認できるよう共有している。

運用に際しては、これらのツールの特性を見極めたうえで、いつどんな情報を共有するために、どのようなツールでやり取りするかをルール化しておくことが必要である。

(2) セキュリティ対策

職務遂行するにあたって、様々な情報を利用することが必要となるが、事業所外で情報を取り扱う上で、顧客情報や個人情報といった重要情報を流出するリスクをはらんでいる。

また、インターネット環境を利用することにより、ウィルス感染によって業務に支障が出るケースも考えられる。

リスク回避のためにはセキュリティ上の対策も必要となる。

①セキュリティポリシーによる意識の醸成

テレワークでは事業所から離れた場所で、事業所の資産ともいえる情報を取り扱うが、情報の漏洩するなどのトラブルが発生した場合、信頼性の棄損のみならず賠償リスクが発生する可能性があるため、リスクを回避し安全性を担保しなければならない。

セキュリティには、テレワーク勤務者による人為的な側面と、技術的な側面がある。テレワーク勤務者に対しては、情報の取り扱いに留意するべく、常にセキュリティを意識してもらうようセキュリティポリシーを設定し、浸透させる必要がある。

セキュリティポリシーは、業務上で遵守すべきセキュリティに関する考え方をまとめたもので、「基本的な方針」と、方針を実施するにあたって取り組むべきことや遵守すべきことを記載した「対策基準」、その対策を実行するための手順を示す「業務手順」といった３つの階層で構成される。

なかでも重要なのは、遵守すべきルールを明確にしておくことである。

ＩＣＴ端末を外部に持ち出して作業をするにあたって、端末使用時にセキュリティ保護されていない公衆Ｗｉ－Ｆｉを使用しての作業や不正なソフトウェアのダウンロード、さらには、端末そのものの紛失や盗難といった危険性もはらんでいる。

実際にテレワークで就業する際には、システム利用者が指定した通信手段でのみ通信を行ったり、端末機器の取り扱いに関する保管方法を指定するなど、具体的な行動レベルに落とし込んだルール作りを行う必要がある。

② 技術面でのセキュリティ確保

また、ＩＣＴの進展は日進月歩であり、技術レベルやトレンドなどが目まぐるしく変化するが、テレワーク勤務者が必ずしもＩＣＴに関する高い知識を持ち合わせている訳ではない。

テレワーク勤務者がセキュリティポリシーを遵守しているだけでは充分とはいえないため、技術的な側面でもセキュリティ確保しなければならない。

情報システムの担当者もしくは部門において、適正にテレワークが実施されているか、または、セキュリティが保護された適切な環境を維持できているかを定期的にチェックすることも必要である。

（東　純子）

第4章

事例から学ぶ
女性が活躍する
組織づくりと法制度

風土づくり

1 女性の活躍する組織風土は経営者がつくる

(1) 女性の活躍を阻む組織風土

企業内で女性が活躍している状態とは、女性従業員がその企業において重要な役割を担う存在として成果を出していることである。そのためには、女性従業員がやりがいをもって長く働き続けることのできる環境が不可欠である。

しかし、現実には、長く働き続けることが困難であるために女性従業員の定着率が低い企業は少なくない。そのような企業では、従業員が長時間労働やサービス残業を強いられていたり、セクハラやパワハラが横行していたりして、劣悪な労働環境が放置されていることが多い。また、出産・育児・介護による休業制度はあるが、周囲が協力的ではなく、取得しにくいというように、形だけの制度は置いているが実質が伴っていない企業もある。

また、女性従業員の定着率が高い企業であっても、男女の性差による役割分担意識が固定化している企業では、女性従業員に対して、事務仕事や単純作業のみが割り当てられたり、男性従業員と同様の教育の機会がなかったり、重要な役割を担う存在として扱われていないこともある。

近年では、労働関連法令等のコンプライアンス強化、ダイバーシティー経営の推進、女性活躍推進法の制定等により、大手企業を中心に、女性が長く働き続けられるための制度整備や、女性管理職・女性役員の登用などが進みつつある。しかし、会社として「やらざるを得ないのでやらされている」だけで、女性従業員からすれば従前と何も変わっていないという声も多い。なぜなら、このような企業では、前述のような女性の活躍を阻む組織風土が何も変わっていないからである。

(2) 経営者の意識が変わると組織風土も変わる

組織風土とは、組織を構成する従業員同士の間で共有認識として扱われている行動規律や価値観などの目に見えない組織の特性の総称であり、企業風土とも言われる。風土という言葉からすれば、組織風土も、意図的に作り出されるものではなく、時間をかけて自然発生的に醸成されるものであるように思える。

しかし、組織風土は、経営者の意思決定に基づいて、企業が組織として活動する過程で、構成員である従業員同士の間で共有認識として醸成されていくのであるから、根本的には経営者の意識によって生み出されている。もし仮に、経営者として望ましくないと考える組織風土が醸成されていたとしても、それは、経営者の意図しないところで勝手にできたのではなく、経営者が望ましい組織に近づけようと従業員に働きかける努力を怠ってきたことの結果と捉えるべきである。

例えば、男性中心の職場では「女性はすぐ辞めるから重要な仕事を任せられない」、「女性はすぐ感情的になって怒るからリーダーは務まらない」というような共有認識が生まれやすく、このような共有認識が女性の活躍を阻む組織風土を醸成する。これは、経営者が、男性従業員を中心とした組織をつくり、女性に重要な仕事を任せたり、女性をリーダーとして育成したりする取組を怠ってきたことの結果である。

逆に、経営者が「女性も男性と同じく責任のある仕事をこなせる」「女性もリーダーとして力を発揮できる」という意識を持ち、男女の性差に関係なく仕事を割り振り、リーダーとして育成するための取組を続けていけば、従業員の間にも、仕事をするうえで男女差は関係ないという認識が共有されてゆく。このような共有認識が時間をかけて積み重なることによって、組織風土として定着することになる。

事例企業においても、当初、主要業務は専門的な技術を有する男性従業員の仕事であり、事務や電話応対は女性従業員の仕事であるという男女の性差を前提とした組織体制であった。しかし、経営者が、これまでの組織体制を続けていくことに疑問を持ち、「技術者依存・人依存からの脱却」「女性の力の活用」へと意識を転換し、女性従業員にも主要業務を担当させながら、女性が働きやすい環境づくりを目指した取組を続けた結果、わずか1年余りの間に、女性従業員自身が働きやすいと感じられる組織風土が醸成されたのである。

(3) 常識や思い込みを捨てて新しい組織風土をつくる

経営者の意識が変われば組織風土も変わる。しかし、そもそも経営者が自らの意識を変えるということは容易なことではない。特に、男性中心の組織で業績を伸ばしてきた企業であればなおさらである。

事例企業のように、男性中心の組織から女性の力を生かした組織へと変革し、これによって事業を成長させた企業に共通することは、経営者の現状維持に対する危機感と、常識やこれまでの思い込みに対する疑問である。現状維持に対する危機感がなければ、そもそも変えようという気持ちが生まれないし、常識やこれまでの思い込みに疑問を持たなければ、新しい発想は生まれないからである。

事例企業では、店長を務めていた男性社員が退職し、店長とともに主要業務を担当していたもう一名の男性社員も退職を願い出たことにより、残ったスタッフが全員女性のみとなる事態に直面した。その際、経営者は、これまでと同じ仕事のやり方では事業を継続できないという危機感を持ち、これまで男性社員が担っていた主要業務は、本当に技術者でなければできないのか、という疑問を持った。そこから、残った女性スタッフに力を発揮してもらい、これまで以上に業績を伸ばしていくためにはどうすればよいか、という発想のもとで新しい取組が開始され、新しい組織風土が醸成されていったのである。

もっとも、経営者が、現状維持に対する危機感や、常識や思い込みへの疑問を持つ機会は、実際に経営の危機に直面した場合に限らない。現在の経営は順調に見えても、将来の事業環境の変化を考えたときには、現状維持への危機感が生まれるはずである。また、現状を変えなければならないという気持ちがあれば、他の業界や企業の事例等を他人事と考えず、自分事として学ぶことにより、常識や思い込みにとらわれない新しい発想に気付くことができる。

女性活躍に向けた新しい組織風土をつくるには、女性が活躍できない企業には将来がないという危機感を持ち、「女性は○○だ」「女性には無理」という思い込みを捨て、これまで女性にはできないと考えられてきた常識に疑問を持ち、どのようにすれば女性の力を活用して事業を成長させることができるか、考え続けることが重要なのである。

２　新しい組織風土をつくるステップ

(1)　ＳＴＥＰ１：経営理念を明確化する

女性の活躍を阻む組織風土を変革し、新しい組織風土をつくるうえで、まず初めに取り組むべき重要なステップは、経営理念を明確にすることである。

経営者の想いとかけ離れた組織風土が醸成されてしまうのは、経営者の想いが従業員に伝わっておらず、従業員が経営者の想いを理解しないまま、日々の業務を行っているからである。このような企業では、往々にして、経営理念が存在していない、または、存在していても明文化されていないことが多い。

図表4-1　新しい組織風土をつくるステップ

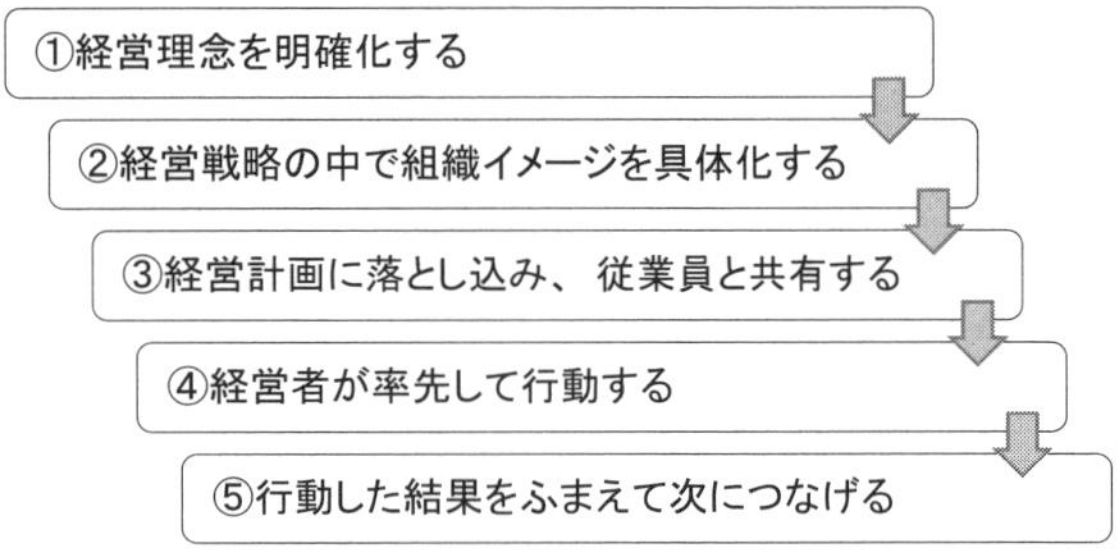
①経営理念を明確化する
②経営戦略の中で組織イメージを具体化する
③経営計画に落とし込み、従業員と共有する
④経営者が率先して行動する
⑤行動した結果をふまえて次につなげる

出所：著者作成

しかし、経営者が事業活動を通じて目指していることや想いを経営理念として明確化し、これを従業員に浸透させると、従業員は経営理念を理解し、その経営理念を実現する一環として日々の業務に取り組むようになる。そうすると、従業員同士において形成される共有認識も、自然と経営理念に従ったものとなり、結果として、経営理念に沿った組織風土が醸成されてゆくのである。

事例企業でも、経営理念として、「私たちは、働きやすい職場を作ります」「私たちは、喜びのために働きます」、「私たちは、最新のテクノロジーをわかりやすく伝えます」ということが掲げられており、これを経営者が様々な取組によって従業員に浸透させているからこそ、従業員が経営理念を理解し、従業員同士がお互いに協力し合って働きやすい職場を作ろうという認識が共有され、働きやすい組織風土が醸成されていると考えられる。

(2)　STEP2：経営戦略の中で組織イメージを具体化する

経営理念を明確にしても、それだけでは企業は変わらない。女性が活躍する企業風土に変革するためには、経営理念の実現に向けた経営戦略を考える中で、どのような組織を構築して女性が力を発揮できるような組織体制にしていくのかという組織イメージを具体化することが必要である。

経営戦略は、経営理念をより具体的な中長期的目標である経営ビジョンとして表現し、その目標と現状とのギャップを埋めるものである。経営理念を実現するためには事業を継続することが不可欠であり、そのためには、顧客に喜んでもらえる価値を提供して売上に繋げていく一方、コストを管理しながら生産性を向上させて利益を確保していくことが必要である。このような活動を実行していく主体が組織を構成する従業員である。したがって、女性を含む一人ひとりの従業員が力を発揮して企業として最大の成果を出すために、どのような組織体制で臨むべきか、ということは正に経営戦略を考える上で重要なテーマである。「組織は戦略に従う」と言われるように、経営戦略によって必要となる組織のあり方も変わるのである。

女性活躍推進を提唱しても、それが経営戦略に組み込まれていなければ、企業の行動に繋がらず、絵に描いた餅にしかならない。「たまたま女性を雇用したからできるだけ力を発揮してもらいたい」というのではなく、男性だけでなく女性も同じように活躍できる組織だからこそ、男性のみの組織よりも大きな成果を生み出すことができるということを経営戦略の中で明示し、具体的な取組に繋げていくことが重要である。

事例企業においても、たまたま雇用している女性スタッフに力を発揮してもらいたいと考えただけで組織風土を変革できたわけではない。事例企業では、経営理念を踏まえて、経営指針書の中で中期ビジョンが示されており、そのビジョンを実現するための経営戦略として、「働きやすさを、最大の強みにする」ことが明記されている。このような経営戦略の中で、組織イメージとして「ワークライフバランス重視&女性活躍の企業づくり」を目指すことが具体化されている。こうして経営戦略の中で、目指すべき組織イメージが具体化されているからこそ、女性活躍推進の取組が、単なるコストではなく、利益を生み出す力となっているのである。

(3) ＳＴＥＰ３：経営計画に落とし込み、従業員と共有する

次に、経営理念の中で具体化された組織になるためには、経営者が、自分の頭の中で、経営戦略として、どのような組織を目指して、どのようなことに取り組んでいくべきかを考えるだけでなく、その道筋を組織の構成員である従業員と共有することが必要である。そのためには、経営者の頭の中にある経営戦略を中長期的な計画に落とし込み、この計画を経営者が従業員に伝え、一人ひとりの従業員がその内容を理解して具体的な行動に繋げられるようにしなければならない。また、経営計画を示すだけでなく、これをふまえて従業員がどのように行動するべきかを行動指針として示したり、ミーティングや勉強会などで経営者が自分自身の言葉で伝えたり、従業員同士がディスカッションを通じて認識を共有する機会を設けたりすることで、より理解を深めることができる。

事例企業の経営指針書においても、経営戦略を具体化した中長期的な計画と関連するかたちで、社員の行動指針が示されている。そこでは事例企業がどのような考えや価値観を持っており、従業員にどのような行動を期待しているのかが明確にされている。そして、その内容は、毎年の経営方針説明会で全スタッフに対して語られるほか、経営者が一人ひとりのスタッフと個別面談を実施するなどして共有されている。このような取組によって、スタッフが経営計画を深く理解しているからこそ、これに沿って具体的な行動に繋げることができるのである。

(4) ＳＴＥＰ４：経営者が率先して行動する

経営理念の実現に向けた経営戦略の中で、女性が活躍する組織イメージが具体化され、経営者と従業員との間で経営計画が共有されたとしても、実際に行動しなければ何も変わらない。組織風土は、日々の業務を通じ

た企業の活動の蓄積を通じて醸成されるため、組織風土を変えるには、日々の業務の中で一人ひとりの従業員が行動を変えていくことが必要になる。

しかし、一人ひとりの従業員が行動を変えるためには、何よりも率先して経営者が行動しなければならない。いくら、経営計画の中で「女性活躍推進」や「働きやすい職場づくり」を掲げたとしても、経営者自身が何も動かなければ、従業員は、経営者は口だけで何も変えるつもりはないのだというメッセージを自然と読み取ってしまう。そうすると、従業員も、変わろう、変えようとはしないであろう。経営者が、本気になって組織風土を変革し、目指す組織になろうと行動するからこそ、その熱意が従業員に伝わり、従業員が行動するのである。

事例企業においても、経営者は、スタッフから当日朝に欠勤したいと連絡があれば快く欠勤を了解し、勤務中のスタッフに幼稚園から子供が熱を出したと連絡があれば快く早退するよう送り出すという対応を自ら行っている。また、社内レクリエーションでは、女性スタッフが家族ぐるみで参加できる機会を設け、子育て中の女性が働くことに夫の理解が得られるように配慮している。このように、経営者自らが、「ワークライフバランス重視&女性活躍の企業づくり」に向けて率先して行動しているからこそ、経営者の本気度が従業員に伝わり、従業員の間でも、お互いが働きやすいように協力し合えるような行動の変化が生まれているのである。

(5)　STEP5：行動した結果をふまえて次につなげる

組織風土は、一朝一夕に形成されるものではなく、その企業の日々の業務を通じて従業員同士の間で共有された認識が時間をかけて積み重ねられ、行動規律や価値観となって表れるものである。そのため、組織を変革し、新しい組織風土として定着させるためには、経営者や従業員が変革に向けて行動した結果を、次の行動へと繋げていくことが必要である。そのためには、変革に向けた行動の結果を定期的に確認し、さらなる成長に向けてどのように行動すべきか、見直していかなければならない。

事例企業では、毎月、日々の業務において、部署ごとに「目標」「課題」「行動計画」を作成するとともに「前月の報告（実践したこと）」と「問題や課題（残っていること）」を報告するようにしている。こうして、言いっぱなし、やりっぱなしで終わるのではなく、行動した結果を確認し、次につなげる仕組みを作っているのである。

3　女性の活躍する組織風土づくりに必要な5つの要素

(1)　経営者のリーダーシップ

女性の活躍する組織風土づくりにおいて、もっとも重要になるのは、経営者のリーダーシップである。新しい組織風土をつくり、それを定着させていくためには、経営者が経営理念の実現に向けた組織のありかたを具体化し、これを従業員と共有し、日々の行動を通じて自らが率先して実行するとともに、従業員同士が行動できるように働きかけることが必要である。そして、このような行動の積み重ねによって形成される新しい価値観や行動指針が従業員同士の共有認識として定着するまで継続しなければならない。

そうはいっても、従業員が長年にわたって築いてきた価値観や考え方は、そう簡単に変わるものではない。女性が仕事で力を発揮することについて「女性のくせに生意気な」という男性従業員がいるかもしれないし、自ら「私にはできません」と変化を拒否する女性従業員もいるかもしれない。だからと言って自分とは異なる価値観や考え方を否定し、排斥したのでは組織として成り立たない。一人ひとりの従業員が持つ価値観や考え

図表4-2　女性活躍の組織風土づくりに必要な5つの要素

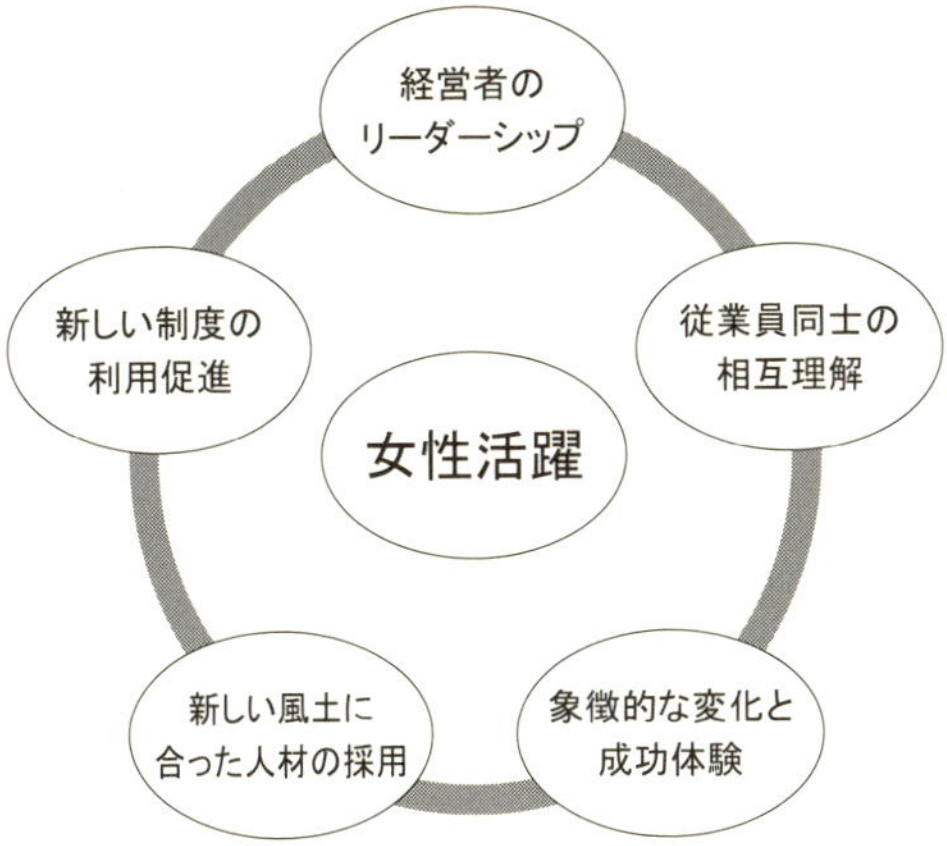

出所：著者作成

方を尊重し、その声に耳を傾けながらも、組織として同じ方向を向いて協力し合えるように組織風土を変革していくには、経営者がリーダーシップを発揮する以外にはないのである。

事例企業は、まさに経営者がリーダーシップを発揮して、従業員に粘り強く働きかけながら女性の活躍する組織風土に作り替えていった具体例である。

(2)　従業員同士の相互理解

一般的に、女性は男性との比較において、結婚、妊娠・出産、育児、介護などのライフイベントによって、仕事と家庭生活とのバランスが変化することが多いため、仕事を続けるうえで様々な制約を受けることが多い。

そのようなことは一般論としては理解していても、日々忙しく余裕がない労働現場では、家庭の事情による急な欠勤や早退は否定的に受け取られることが少なくない。また、産休や育休を取得する従業員の業務の引継ぎによって、他の従業員の負荷が増大し、引き継いだ従業員が長時間の残業を強いられることもある。そうすると、「女性には大事な仕事を任せられない」「女性はダメだ」というような声に女性従業員が委縮してしまったり、逆に、権利だから当然という態度で他の従業員との軋轢を生じさせたりする事態も生じうる。

このような悪循環に陥らないように組織風土を変えていくためには、従業員同士がコミュニケーションを深め、お互いの事情を理解し、「お互いさま」だからと協力し合える人間関係を築くことが必要である。

女性従業員の欠勤、早退、休業等に伴って業務上の負荷が増大しても、他の従業員らが事情を理解していれば、「自分自身にも同じような事態が生じるかもしれないから協力しよう」、「長期的に見れば、その従業員が継続して勤務することで大きな戦力となってもらえるのだから応援しよう」という気持ちが生まれる。また、女性従業員も、協力してくれた従業員に感謝の気持ちを伝えることで、次も快く協力してもらえる人間関係が形成されていく。女性の働きやすい環境づくりには、このような好循環を促すための従業員同士の相互理解を深めることが必要なのである。

事例企業においても、働きやすさの秘訣は、困ったときに助け合える「お互い様の文化」であると考え、日常的な情報共有の他にも、社内行事やレクリエーションを通じて従業員同士が一緒に過ごす機会を設けている。

(3) 象徴的な変化と成功体験

女性の活躍する組織風土へと変革するために、新しい取組に着手したとしても、その結果が目に見えなければ、「やっぱり女性はダメだ」という評価につながりかねない。女性の活躍を推進する流れを加速させるためには、企業として、女性の活躍する組織へと変革していくのだという意思を示す象徴的な変化とそれによってもたらされる成功体験をつくることが必要である。

具体的な方法としては、経営者の考えを理解し、熱意をもって取り組んでくれそうな女性従業員に責任ある主要な業務を担当させ、必ず成功するように徹底的にサポートして実績をつくることである。そのような熱意のある従業員が社内にいない場合には新たに採用するという方法もある。いずれにしても、女性が活躍する機会を設けて成功体験をつくり、その実績を従業員同士が目に見えるかたちにして共有することが有効である。

事例企業においても、パソコンの専門用語をあまり知らない女性スタッフでも窓口で顧客に対応できるようマニュアルを整備したり、経営者自らが提案販売の模範を示してレクチャーしたり徹底的にサポートしたうえで、これまで専門的な知識のある男性従業員のみが対応していた窓口での顧客対応を女性スタッフに担当させるという象徴的な変化をもたらした。その結果、売上がアップするという成功体験がつくられたことで、その後の変革が加速し、わずか1年足らずで、女性の力をフルに活かしたビジネスモデルへと転換が図られている。

(4) 新しい風土に合った人材の採用

組織風土の変革にあたっては、従業員が理解して行動に移していけるように尽力しなければならないが、それでも変化を受け入れがたい従業員が離職してしまうという事態に直面することもある。しかし、力を尽くしてもそのような事態に至ったときは、仕方のないことと気持ちを切り替えて、新しい組織風土に合った人を新たに採用していくことが必要である。

女性が活躍する新しい組織風土をつくるうえで、新たな人材を採用する際には、能力を基準として採用するのではなく、経営理念や経営ビジョンに共感している人であるかどうか、目指している新しい組織風土になじむことのできる人であるかどうか、という点を採用の基準に置くことが重要である。そのためには、採用面談時に、どのような質問をするか、どのようなコミュニケーションをするか、独自に考えるとともに、自社の経営理念や経営ビジョン、どのような組織を目指しているかを採用面談で伝えることも必要である。

事例企業においても、従前は、パソコンの専門的スキルを有するかどうかという能力面を採用の基準に置いていたが、変革後は、「この会社の風土、雰囲気になじむことができる人かどうか」を大切にし、採用時には経営者が自社の考え方やあり方を説明している。また、能力で採用するのであれば資格の有無などですぐに判断できるが、組織風土に合った人であるかどうかは面接のみではわからないため、試用期間を設け、採用に時間をかけている。組織風土を変えようとすれば、採用のあり方も変わってくるのである。

(5) 新しい制度の利用促進

女性の活躍する組織風土へと変革するためには、新しい組織風土に合った制度を構築し、その制度の利用を通じて、従業員同士の共有認識の変化を定着させることも必要である。制度と一口に言っても、法律によって義務付けられている制度もあれば、企業ごとに異なるオリジナルな制度もあり、就業規則等に明文化されている制度もあれば、明文化されていないものもある。

いずれにしても、制度をつくることが目的ではなく、制度の利用を通じて、女性が働きやすく活躍しやすい風土を作っていくことが重要である。そのため、面談等により制度を利用する従業員の生の声を聴きながら、使い勝手の悪い制度を改変していくとよい。

事例企業では、育児中及び介護中の女性スタッフが主要な業務を担っており、当日朝に家庭の事情で急な欠勤や早退を余儀なくされることが多いが、経営者は、そのような場合でも必ず快く欠勤や早退を認めている。その一貫した対応は、制度として構築されているといえる。だからこそ、このような制度を利用した女性従業員が働きやすい環境であると認識し、それが組織風土として定着しているのである。

休んでよいという制度があっても、実際に休んで翌日出勤すると嫌味を言われるようであれば、その従業員は働きやすい環境とは認識できない。そうすると、制度が整備されていても利用しづらくなり、結果として何も変わらない状態が続くのである。

本人の意識改革・モチベーション

1　女性の意識を変えるのは経営者

(1)　女性の活躍を望んでいないのは女性自身である可能性

女性の働きやすい環境が整備され、結婚、妊娠・出産、育児、介護などのライフイベントと仕事を両立する女性従業員が増えたとしても、女性従業員が責任ある立場に就いて活躍するまでには、高いハードルがある。実際にも、女性の管理職登用は大手企業においてさえも進んでいない。それは、女性自身が、昇進して責任のある役職に就くことを望んでいない場合が多いからである。

その理由として、古くからの男女の性差による役割分担意識が男性だけでなく女性にも浸透していることが考えられる。日本では、日常生活等において「男性を立てる」ことを求められがちであり、一家の大黒柱として責任ある立場は男性が担い、女性は補佐的・補助的な役割を担うことが多い。同様に、企業内においても、これまで主要な業務は男性が担い、女性の従事する業務は、代替性の高い補佐的・補助的な業務が中心であった。このような男女の性差による役割分担意識は、男性にとって都合が良いというだけでなく、男性に依存することでリスクや責任を回避したい女性にとっても好都合であったといえる。

このような男女の性差による役割分担意識が浸透している状況では、女性従業員は、男性従業員のように、一定の経験年数がたてば管理職に昇進し、責任ある立場で部下を取りまとめて成果を出し、キャリアアップを重ねていくというキャリアプランを具体的に描きにくい。また、女性従業員が、家事や育児などのワークライフバランスを考えたとき、現状の補佐的・補助的な業務で十分であり、リスクや責任を伴う管理職への昇進はできるだけ回避したいという気持ちが働くことも理解できるところである。

このように、経営者が、女性従業員にも責任ある立場に就いて活躍してほしいと望んでいても、当の女性従業員自身がそれを望んでいない場合がある。

(2) 男性だけでなく女性の意識改革も必要

女性従業員がライフイベントに直面しても退職せずに長く勤務するだけでなく、その企業において重要な役割を担う存在になってほしいという意味で、女性の活躍を推進する場合は、男性従業員だけでなく、女性従業員自身の意識改革も重要な課題となる。

しかし、男性であろうと女性であろうと人の意識を変えることは難しいことである。しかも、男女の性差による役割分担意識が常識とされてきた中で、補佐的・補助的な業務しか経験してこなかった女性を責任ある立場に登用するための意識改革は、よりいっそう困難である。

こうした女性の意識改革を促すためには、従業員を責任ある立場に登用するにあたり「男だから」「女だから」という性差による役割分担意識を前提にするのではなく、「○○さんだから」という個人の個性や長所に着目することが必要である。また、女性従業員が管理職への昇進を固辞する場合でも、なぜ昇進を希望しないのか、どのようなことに不安を感じているのか、なぜできないと思い込んでいるのか、その気持ちを理解したうえで、その思い込みを取り払っていく必要がある。そして、その女性従業員が力を発揮することが、企業の将来的な成長において重要な役割を果たすことを伝え、女性従業員が自らそのために貢献したいと思えるように、その意欲を引き出してゆく。

このようにして、企業の将来像を描きながら、女性が力を発揮できるように意識改革を促すことができる存在は、経営者しかいない。

(3) 女性の意識改革を促すために経営者が取り組むべきこと

① 企業のありたい姿を具体的にイメージすること

経営者が、女性従業員の意識改革に着手する前に、まず取り組むべきことは、経営理念・経営ビジョンを明確化し、経営戦略を検討する中で、女性従業員が活躍している組織の姿を具体的にイメージしておくことである。

例えば、これまでベテランの男性従業員が担当していた主要業務を、事務職の経験しかない女性従業員が担当することになれば、顧客や取引先との関係にも様々な影響を生じさせることは容易に想像できる。その影響が企業の活動にとってプラスに働くようにするには、その女性従業員のどのような強みを生かしてプラスに変えてくのか、また、逆に、業務の混乱といったマイナス要因を除去するためにはどのような方策が考えられるのか、そのような今後の組織としてのあり方を具体的にイメージしておくのである。経営者自身がこうしたイメージを持っていなければ、女性従業員も、自分がどのような役割を果たせばよいのかわからず、不安を抱くばかりだからである。

事例企業においても、女性スタッフが窓口での顧客対応等の主要な業務を担当することについては、当の女性スタッフ全員が反対であったが、経営者は、会社の今後の姿を明確にイメージし、反対するスタッフに対して、これから会社をどのようなかたちにするつもりなのか、会社の方向性や将来像をスタッフに具体的に示すことができたからこそ、変革に向けた一歩を踏み出すことができたのである。

②女性従業員の話を聴いて気持ちを理解すること

経営者であれば、女性従業員に責任ある業務を担当させ、管理職として責任ある立場に就けるには、業務命令によって強制することも可能である。しかし、経営者が一方的に命令するだけでは、女性従業員の反発を招くだけであり、最悪の場合、離職に至るおそれもある。

そこで、まずは、女性従業員の声に耳を傾け、仕事に対してどのような不満や悩みを抱えているのか、責任ある業務や立場を担うことにどのような不安を感じているのか、その気持ちを理解することが大切である。経営者の期待を伝える前に、女性従業員の話を丁寧に聴き、その女性従業員の気持ちを受け止めることが信頼関係の形成につながる。

事例企業では、経営者は、一人ひとりのスタッフの気持ちを大切にしながら対話を通じて相互理解を深めている。例えば、経営者が、従前の業務内容を細分化したうえで、女性スタッフに配分していくにあたり、一人ひとりの女性スタッフにどのような業務ができて、どのような業務ができないか、一つずつ確認しながら進めている。また、反対するスタッフに対しても強制するのではなく、どのような不安を抱えているのかを理解し、会社の方向性や将来像をしっかり説明して不安を取り除いている。

経営者が、従業員と向き合って話を聴くことは、一人ひとりの従業員を人として尊重し、その気持ちを理解しようと努めている姿勢が従業員に伝わり、経営者の望んでいる意識改革を受け入れやすくする効果も期待できる。

③女性従業員の強みを見つけること

また、経営者としては、ただ女性従業員の気持ちを理解するだけでなく、その女性従業員が、経営戦略を検討するうえで、自社のビジネスにどのような強みをもたらすものであるかを見出すことも必要である。一般的に、強みは弱みと表裏一体であることが少なくない。女性従業員自身が弱みであると考えていても、実はそのことが強みとして働くことは多い。

事例企業においても、当初、女性スタッフが反対したのは、パソコンの専門的知識が少なく、パソコンの修理を求めて来店する顧客に応対し、その場で不具合の原因を突き止めたうえで対策を提案することは不可能だという思い込みがあったと考えられる。しかし、逆に言えば、パソコンの専門的知識が少ないという弱みは、他方で、難しい専門用語も、同じように専門的知識を有しない一般の顧客と同じ目線で、わかりやすく説明することができるという強みの形成に役立っている。このように女性スタッフ自身が気付いていない強みを、経営者が見出し、その強みを生かした業務に抜擢したからこそ、成果を出すことができ、女性スタッフの意識の変化に繋がったと考えられる。

④経営者の考えを伝え、企業としてありたい姿を共有すること

次に、女性従業員の意識を変化させるためには、経営者の考えを従業員に伝え、企業としてありたい姿を共有することが必要になる。その姿が、従業員にとって望ましい姿であるときに初めて、その実現に向けて力を

発揮したいという意欲が従業員の中に生まれるからである。

そのためには、企業として、顧客や取引先よりもまず、従業員を大切にするというメッセージを伝え、従業員から見て魅力的な企業の姿を示す必要がある。具体的には、一人ひとりの従業員が生き生きと働いてこそ、顧客や取引先に対して高い価値を提供でき、社会にも貢献し、その結果、売上や利益が増大し、自分自身にも一緒に働く従業員仲間にも働きがいが生まれる、という好循環が生まれる過程を具体的に示し、共有する。このような好循環を生む企業の姿が魅力的であればあるほど、女性従業員が、これまでの意識を変えようとする大きな動機となる。

事例企業においても、経営者は、女性スタッフが店頭窓口で顧客に対応できるようになれば、顧客満足度を向上させることができ、これまでよりも収益性の高い会社になるとともに、働きやすい環境をつくることができるという具体的なイメージを持っていた。そのイメージが、当初は反対していた女性スタッフにとって魅力的なものとして共有されたからこそ、女性スタッフの意識が変わり、協力的な存在になったと考えられる。

⑤ 実行段階におけるサポート

女性従業員に経営者の想いが伝わり、意識の変化が生まれたとしても、与えられた役割をうまくこなせないと感じ、自信を喪失してしまうと、せっかくの意識改革も元に戻ってしまう。女性従業員の意識の変化をそのまま定着させるには、その女性従業員が与えられた役割をこなし、成果を出して自信を持てるように、サポートする必要がある。

また、経営者自身が個別にサポートすることができなくても、ベテラン従業員を教育係として任命し、専門的な知識経験が乏しいために自信を持てない女性従業員をサポートする役割を与える方法もある。

女性従業員が、これまで経験したことのない業務にチャレンジすることは勇気のいることであり、それが会社の重要な業務であればあるほど、そのプレッシャーや不安は大きい。そのような女性従業員が自信をもって行動できるまで細やかにサポートすることが重要である。

事例企業においても、実行に際しては、経営者が女性スタッフに対して、マニュアルの整備やレクチャーを通じてやるべきことを具体的に示し、できるようになるまでサポートした。だからこそ、慣れない窓口対応業務であったにもかかわらず女性スタッフの力で、売上を増大させることができたのである。

2　女性の活躍を持続させるモチベーション

(1)　女性従業員のモチベーションは低下しやすい

女性従業員の意識が変わり、主要な業務やリーダーとして責任ある立場に就いたとしても、その後、仕事を続けていくうえで、成果が出なかったり、やりがいを感じられなかったりして、そのモチベーションが低下してしまうと、結局は長く続かない。

企業において従業員のモチベーションの向上は、男性女性に関わらず重要ではあるが、女性従業員の場合は、企業内で昇進し、リーダーとして活躍することに対する意欲が乏しい場合も多く、むしろ負担に感じる傾向にある。特に、家庭内で家事育児や介護の負担などが重なる場合は尚更である。そのため、主要な業務やリーダーとして責任ある立場に就いた場合、女性は、男性以上に、モチベーションが低下しやすいと考えられる。そこで、女性の活躍を持続させるためには、継続的にモチベーションを高めていく取組が必要になる。

図表4-3 ハーズバーグの動機づけ・衛生理論

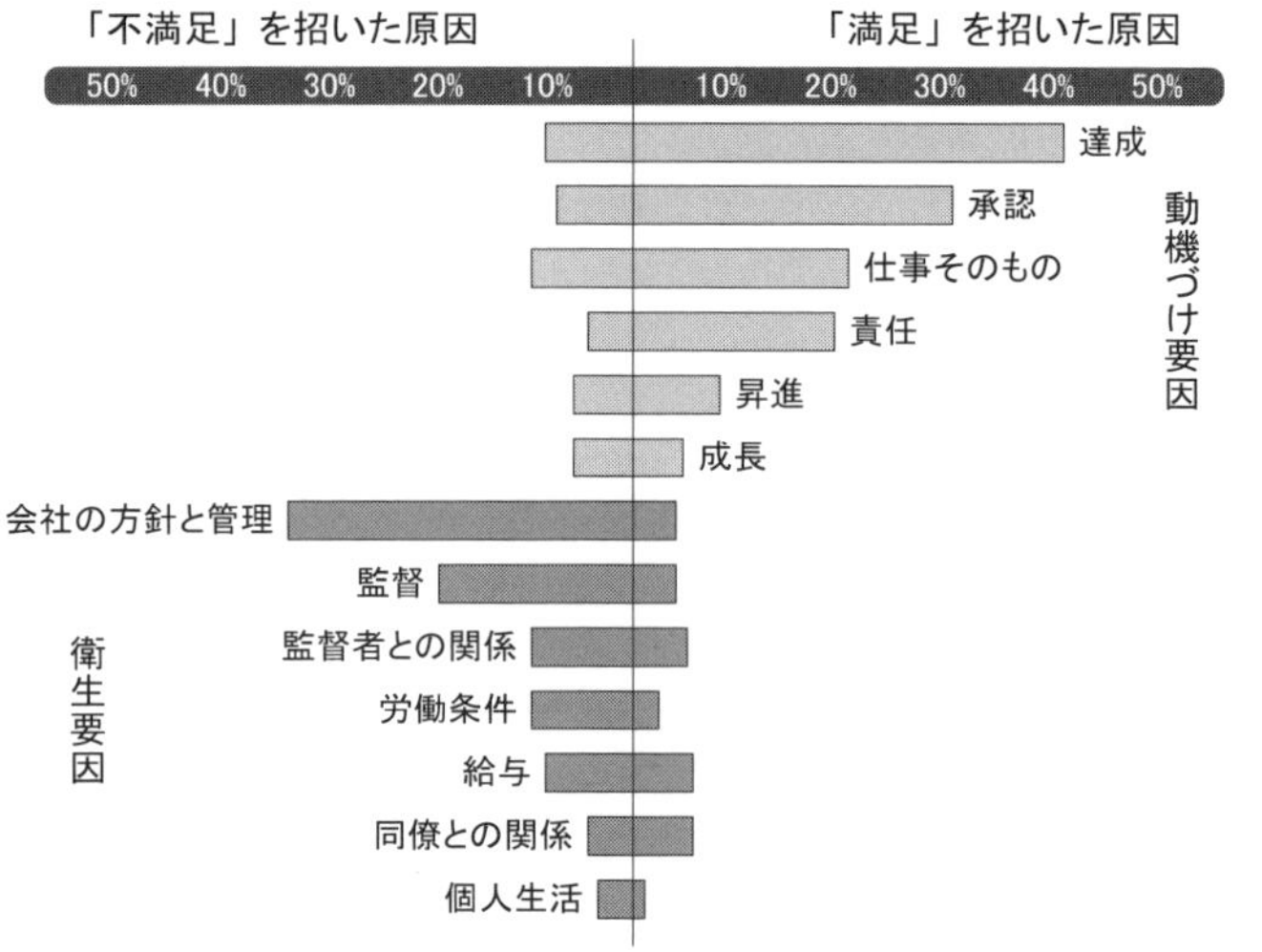

出所：東洋経済オンライン http://toyokeizai.net/articles/-/9637?page=5

(2) モチベーションを向上させる手法

①ハーズバーグの動機づけ・衛生理論

仕事に対するモチベーションを向上させるためには、仕事や職場環境に関するどのような要素に働きかけるべきか。給与を上げたり、休暇を与えたりすることがモチベーション向上に役立つのか。その参考になるのが、アメリカの臨床心理学者フレデリック・ハーズバーグの動機づけ・衛生理論である。

ハーズバーグは労働者に対して、仕事上、どのようなことによって満足を感じ、または、不満足を感じたかという質問を行って、その結果を分析した。これにより、仕事の満足に関わるのは、動機づけ要因、すなわち、「達成」、「承認」、「仕事そのもの」、「責任」、「昇進」といった仕事そのものに関する要因であり、仕事の不満足に関わるのは、衛生要因、すなわち、「会社の政策と管理方式」「監督」「給与」「対人関係」「作業条件」といった作業環境に関わる要因であることが明らかにされた。

そして、動機づけ要因は、これが満たされると仕事に対する満足度が高まるが、これが不足しても不満を感じることにはならないのに対し、衛生要因は、これが満たされないと不満足を招き、逆に、これが満たされたとしても、満足には繋がらず、単に不満足を予防する意味しかないと結論付けられた。

このことから、仕事に対する満足感を引き出してモチベーションを向上させるためには、職場環境の改善ではなく、仕事そのものに対してアプローチしなければならないことがわかる。

② 外発的動機付けと内発的動機付け

それでは、次に、仕事に対するモチベーションを向上させるには、具体的にどのような働きかけをしていくべきか。

この点、モチベーションを高め、維持するための動機づけの方法として、外発的動機づけと内発的動機づけの二つの種類がある。外発的動機づけは、報酬や罰を与えるというように、外部からの働きかけによるものである。これに対し、内発的動機付けは、好奇心や関心などのように、その人自身の内側から生まれるものである。

一般的に、外発付け動機づけによる場合は、短期的な効果は得られやすいが、長続きしにくいと言われる。例えば、「売上目標を達成したら、給与を○%アップする」というような外発的動機づけをした場合、短期的にはモチベーションが向上し、売上目標を達成できるかもしれないが、その効果は長続きせず、さらに売上をアップするためには、さらなる給与アップが必要になる。これに対して、内発的動機づけによる場合は、「この仕事をやってみたい」「お客様に喜んでもらいたい」という自分自身の内部から行動したいという意欲が生まれるため、モチベーション向上の効果は長続きしやすい。もっとも、外発的動機づけは、外部から賞罰をもって行動を促すため、方法が容易であるのに対し、内発的動機づけは、どのような働きかけが内発的な動機づけとして作用するのか、その方法は人によって異なり、一般化することが難しい。

そこで、内発的動機づけによって意欲を生み出し、モチベーション向上の効果を持続させるためには、まず、一人ひとりの従業員が、どのようなことに好奇心や関心を持ち、どのようなことに喜びを感じ、また、不満を感じているのか、その人自身を良く知り、よく観察することが必要である。そのうえで、従業員が仕事そのものに対する興味、関心、やりがい、達成感などを感じられるような取組や関わりを継続することにより、一人ひとりの従業員のモチベーションを高め、持続させることができるのである。

(3) 従業員のモチベーションを高める取組

① 面談を通じて一人ひとりの従業員を理解する

経営者が従業員と個別面談を行って、一人ひとりの従業員の仕事に対する考えや想いを理解することは、従業員の内発的動機付けを促し、モチベーションを高めるための有効な方法である。

個別面談を通じて、従業員のモチベーションを高めるには、まず従業員の話を丁寧に聴くことが必要である。ただ質問をして答えを引き出すのではなく、従業員が話をしやすいような雰囲気をつくり、従業員とたくさん会話することが大切である。また、質問の仕方も、イエス・ノーで回答できるようなクローズな質問ではなく、自分自身の言葉で語らなければ回答できないオープンな質問をして、従業員の話を引き出すことがポイントである。例えば、「仕事は楽しいですか?」と質問するのではなく、「どのような仕事をしているときが楽しいですか?」というように質問して、自分の考えを自分の言葉で語ってもらうように促すのである。

また、従業員が話を始めたら、否定したり評価することなく、言葉をそのまま受け止め、従業員が日々の業務の中で、どのようなことに悩んだり戸惑ったりしているのか、どのようなことに不満や不安を感じているのか、想像力を働かせながら傾聴する。そうすることで、従業員には、経営者が自分の気持ちを受け止めてくれたという安心感、信頼感が生まれ、その後に、経営者が伝えたいことを受け入れる土壌が形成される。特に女性の場合は、自分の話をただ肯定的に聴いてもらえるだけでうれしく感じる場合が多いので、経営者が自分から話すよりも前に話を聴くことは、女性従業員との信頼関係を築くうえで大切である。

次に、従業員との間で信頼関係が形成されたら、経営者が、自らの言葉で、経営理念や経営ビジョンを伝え、どのような企業にしていきたいか、そのために、従業員に対してどのようなことを期待しているかを伝えていく。その中で、従業員が自発的にどのような貢献ができるのか考え、行動に移していけるような道筋を話し合えるとベストである。

事例企業では、すべての従業員との間で、年２回の社長面談を実施している。社外の喫茶店などリラックスできる場所で、コーチングを学んでいる経営者が、約２時間もの時間をかけて、一人ひとりの従業員と向き合っている。その際、まずは、従業員の不満や要望を吐き出してもらい、それを受け止め、本音で話ができる信頼関係を築いたうえで、経営者が会社の方向性や何を目指しているかを伝えている。その結果、従業員は、経営者が頑張って良い会社をつくろうとしていることを理解し、自分も頑張ろうという気持ちが内側から沸き起こるのである。このような時間をかけた個別面談で一人ひとりの従業員の話を聴き、そのうえで、経営者の考えを伝える機会を持つことは、モチベーションの向上に大いに役立つ取組といえる。

②やりたい仕事を割り当てる

また、従業員の仕事に対するモチベーションを向上させるには、その従業員がやりたいと希望する仕事を割り当てることも効果的である。人は、もともと関心や興味を持っていることに対しては内発的動機付けが生じやすい。そのため、一方的に与えられて嫌々ながらやらされている仕事よりも、自分がやりたいと希望する仕事のほうが、長期間にわたって高いモチベーションを維持しやすいのである。

もちろん、すべての従業員にやりたい仕事を割り当てることが物理的に不可能である場合もあるため、まずは、個人面談等を通じて、一人ひとりの従業員がどのようなことに興味・関心を持っているかを把握しておき、新たな仕事を受注したり、配置転換を考えたりするタイミングで、その従業員がやりたいと希望する仕事を担当できるように配慮するとよい。

事例企業においても、経営者が、勤務態度が悪い社員と向き合って面談に臨む中で、その社員が経理の仕事をやりたくて入社したという本音を漏らしたことから、配置換えにより、その社員を経理の担当にしたところ、これまでの態度が一変して生き生きと仕事に取り組むようになったということである。このような例は極端であるにしても、やりたい仕事ができるということが従業員のモチベーションの向上につながることを顕著に示した例と言えよう。

③目標設定とフィードバックによる評価

従業員のモチベーションは、仕事に対する達成感や自らの成長を感じることによっても向上する。そのため、仕事に対する評価の面でも、従業員が自ら目標を設定し、周囲からフィードバックを受けることでモチベーションを高めることができる。

その際に注意すべきは、売上額等の数値目標のみを基準として設定するのではなく、自分で考え、自発的に行動した結果を肯定的に評価することである。数値目標は「達成」「不達成」を明確に判断しやすいが、それだけでは継続しない。数値目標を達成し続けることができたとしても、目標値が上がり続ければどこかで限界がきてしまうし、また、達成できなかったときの無力感からモチベーションが一気に低下する可能性もある。

重要なことは、従業員が自らの成長を感じながら、目標を達成していく道筋をきちんと評価することである。また、数値目標を達成できなかった場合でも、そのことを非難するのではなく、どのように考えて行動した結果であるのかを客観的に確認し、その成長の過程を評価し、今後に向けて新しい目標を設定できるように促していくことが必要である。

教育・スキルアップ

1　女性活躍に向けた教育体制の整備

(1)　育成したい人材の明確化

企業内で活躍する女性従業員を育成していくためには、どのような教育体制を整備するべきか。従業員の教育は、組織のあり方に関わるため、その企業の経営戦略に従うことになる。

ここにおいても、組織風土や従業員の意識改革において述べたことと同じように、目指している組織のあり方、企業が将来ありたい姿を明確化し、それに合った従業員を計画的に育成してくことが重要である。その際、スキルだけでなくマインドについても併せて明確化しておくべきである。

この点、スキルは日々の研鑽を積み重ねることによって計画的に身に着けられることが多いが、マインドは、その人自身の資質や仕事に対する姿勢や周囲との関係性によって左右されるため、計画的に身に着けることが難しい。そのため、スキルとマインドは教育の場面では切り離して考えられがちである。

しかし、マインドのあり方は、スキルの習得に大いに影響する。例えば、お互い様の精神で助け合って仕事をするという協調性のマインドを身に着けている従業員であれば、自分の仕事だけが終わればよいという発想ではなく、職場全体の状況を見ながら、他の従業員を手伝ったり、全体の効率が良くなる方法を提案したり、与えられた業務以外にも熱心に取り組むようになる。そのような従業員であれば、新しい業務に必要なスキルを身に着けるスピードも当然ながら速くなる。

そのため、スキルとマインドを完全に切り離して考えるのではなく、どのようなマインドをもった人材にどのようなスキルを身に着けてもらいたいかを関連付けながら、育成したい人材を明確化しておく必要がある。

(2) 育成方法の検討

① ＯＪＴとＯｆｆ－ＪＴ

従業員の育成方法としては、実際に業務を行いながら、現場での実務経験を通じた学習によって育成するＯＪＴ（On-The-Job Training）と、座学等の研修により体系的な学習を通じて育成するＯｆｆ－ＪＴがある。

ＯＪＴは、業務を通じて実践的に学ぶことができるが、業務で経験しないことに関する知識等を身に着ける機会が乏しく、体系的な理解が困難である。他方、Ｏｆｆ－ＪＴは、業務に必要な知識を体系的に身に着けることができるが、現場での実践には勘やコツといった特殊性を必要とする場合もあり、学んだことをそのまま現場で生かせるとは限らない。そのため、ＯＪＴとＯｆｆ－ＪＴを適切なタイミングで組み合わせることが必要である。

事例企業においても、新入スタッフの教育は、理念やビジョン、ビジネスに必要な知識等を学ぶ社長研修、先輩スタッフから仕事流れや方法についてレクチャーを受ける業務研修といったＯｆｆ－ＪＴと、先輩スタッフから現場で指導を受けるＯＪＴを組み合わせることによって育成されている。

②外部研修と内部研修

従業員に対する研修は、自社内部の社員等が講師となって実施する内部研修と、外部の専門家に委託して実施する外部研修がある。

内部研修は、コストをかけずに、自社独自の技術やノウハウを身に着けるためのオリジナルな研修を実施することができ、講師となる従業員と受講する従業員とのコミュニケーションも期待できる。

しかし、中小企業の場合は必要な知識やスキルを自社内部で教えることが困難なことも多い。自社内部では蓄積されていない新しい知識を身に着けるには外部の専門家を講師とする外部研修の利用も必要である。また、一般的なビジネスの知識やスキルであっても、自社の社員が教えるより、教え方の上手なプロに教わるほうが、習得のスピードが速く効率的である。

習得すべき知識やスキルの重要度、内部研修の実施の可否や講師となる従業員の有無・レベルを考慮しながら、外部研修と内部研修を使い分けることが望ましい。

③研修の形式

研修の形式も様々である。講師と受講生が1対1で対話しながら学ぶ方法もあれば、1対多で実施する講義形式もある。また、講師の指導の下で複数の受講生同士が共同作業を体験するグループワーク等の方法もある。さらに、時間場所に制約がある場合は、ｅ－ラーニング等の方法も有効である。習得すべき知識やスキルの内容に応じて、一人ひとりの従業員に合った効果的な形式を使い分けることが必要である。

④ 研修内容

研修内容は、研修を受ける従業員の知識・経験のレベルや職種に応じて多岐にわたる。一般的には、社会人としての心構えや接遇マナーを学ぶ新人研修、チームビルディングや労務管理の知識などを学ぶ管理職・リーダー研修などの階層別研修、営業販売、労務管理、経理財務、生産技術などの職種別研修、特定のテーマに絞って学ぶテーマ別研修などがある。

研修内容を検討する際には、その研修を通じて、従業員が、どのようなことを学んで身に着けてほしいか、研修の目的と達成目標を明確にすることである。そのために最適なプログラムを考え、効果的に学べる方法や形式を選択するとよい。また、育成したい人材が、スキルだけでなくマインドにおいても明確化されている場合は、マインドの育成についても研修内容として盛り込むことになる。

この点、事例企業では、ＳＥスタッフに技術面のわからないことを聞くことのできる技術研修でスキルアップを図るとともに、他方で、社内木鶏会という毎月1度、指定の冊子の記事を読んで、感想を述べあいながら、人間学を学ぶ勉強会を開催しており、マインドの育成にも努めている。

(3) 独自の育成プランの作成・実行

自社において育成したい人材を明確化し、スキルとマインドの両面から研修内容を検討し、自社の状況を踏まえながら、効果的な研修方法や形式を組み合わせて作成した育成プランは、必然的に、自社の事業に即した独自の内容になるはずである。人材の育成は一朝一夕にできることではないため、経営計画と連動して、中長期的な人材育成プランに落とし込み、実行していくことが重要である。

もっとも、人材の育成においては、接遇マナーのように比較的短期間でスキルアップできる内容もあれば、専門的な技術の習得のように長期間にわたる継続的な取組が必要になる内容もある。また、同じ内容の研修でも、受ける側の従業員の意欲やマインドによって、その成果にも差が生じる。そのため、一旦、作成した育成プランをそのまま忠実に実行するだけでなく、従業員の成長度合いや自社の経営課題の重要度に応じて、育成プランを見直し、改変していくことも重要である。

また、そもそも人を育てるということは容易なことではなく、研修をしたからといってすぐに効果が出るものでもない。しかし、研修等の取組を続けなければ、従業員の成長は見込めない。すぐに目に見える成果を求めるのではなく、組織風土の変革や従業員の意識改革と並行して、従業員一人ひとりと時間をかけて向き合いながら、我慢強く取り組むことが必要である。

教育・スキルアップの機会の均等

女性が男性と同じく企業内で活躍するには、男性と等しく教育訓練を受け、スキルアップを図る機会を設けることが不可欠である。

男女雇用機会均等法は、教育訓練を実施するにあたり性別を理由とする差別を禁止している。具体的には、以下のように、教育訓練の対象から男女のいずれかを排除したり、教育訓練を行う条件を男女で異なるものとしたり、教育訓練の期間を男女で異ならせることは禁止されている。

しかし、管理職やリーダー向けの研修や、営業職や技術職などの職種別の研修は、対象となる管理職や職種

図表4-4　教育訓練における差別的取り扱いの具体例

イ　教育訓練に当たって、その対象から男女のいずれかを排除すること。
（排除していると認められる例）
①一定の職務に従事する者を対象とする教育訓練を行うに当たって、その対象を男女のいずれかのみとすること。
②工場実習や海外留学による研修を行うに当たって、その対象を男性労働者のみとすること。
③接遇訓練を行うに当たって、その対象を女性労働者のみとすること。
ロ　教育訓練を行うに当たっての条件を男女で異なるものとすること。
（異なるものとしていると認められる例）
①女性労働者についてのみ、婚姻したこと、一定の年齢に達したこと又は子を有していることを理由として、将来従事する可能性のある職務に必要な知識を身につけるための教育訓練の対象から排除すること。
②教育訓練の対象者について、男女で異なる勤続年数を条件とすること。
③女性労働者についてのみ、上司の推薦がなければ教育訓練の対象としないこと。
④男性労働者については全員を教育訓練の対象とするが、女性労働者については希望者のみを対象とすること。
ハ　教育訓練の内容について、男女で異なる取扱いをすること。
（異なる取扱いをしていると認められる例）
教育訓練の期間や課程を男女で異なるものとすること。

出所：労働者に対する性別を理由とする差別の禁止等に関する規定に定める事項に関し、事業主が適切に対処するための指針（平成18年厚生労働省告示第614号）

に就いている女性従業員がいない場合は、男性従業員のみが研修を受けることになり、結果として、男女間で、教育・スキルアップの機会に実質的な差が生じていることも少なくない。

このような状況で、新たに女性を管理職に昇進させ、また、これまで女性が担当していなかった職種に女性を登用するにあたり、男女の教育・スキルアップの機会が従前と同じでは、これまでに蓄積された男女間の格差は埋まらない。このような格差を埋めるためには、女性のみを対象とした研修やスキルアップの機会を設けることが必要な場合もある。

この点、男女雇用機会均等法8条は、雇用の分野における男女の均等な機会及び待遇の確保の支障となっている事情を改善することを目的として女性労働者に関して行う措置については法違反とならないものとしている。そして、教育訓練に関しては、「一つの雇用管理区分における女性労働者が同じ雇用管理区分の男性労働者と比較して相当程度少ない職務又は役職に従事するに当たって必要とされる能力を付与する教育訓練に当たって、その対象を女性労働者のみとすること、女性労働者に有利な条件を付すこと、その他男性労働者と比較して女性労働者に有利な取扱いをすること」は、許容される。

したがって、男女格差を解消するために、女性のみの管理職研修を実施したり、研修期間を男性従業員より長くしたり、男女で異なる内容の研修を実施することは許容される。しかし、一般職の女性のみ接遇研修を受けさせるというような男女格差の是正とは無関係な性別を理由とした差別的取り扱いは違法となる。

このように、女性従業員のみを対象とした教育訓練やスキルアップ研修を実施する際は、男女格差の解消という趣旨から許容されるどうかについて注意が必要である。

女性の活躍を支援する法制度

1　女性の雇用をめぐる法整備の経緯

(1)　男女雇用機会均等法の制定

女性の雇用に関しては、経済の高度成長期に女性労働者が増加したことを踏まえ、昭和47年に勤労婦人福祉法が制定された。しかし、当時の労働基準法では女性を保護すべき対象として扱っており、労働時間の制限など男性とは異なる法規制が設けられていた。

そのような中、昭和50年の国際婦人年、昭和54年の女子差別撤廃条約採択など、国際的な男女の機会均等の動きを受け、昭和60年、勤労婦人福祉法の一部改正により、「雇用の分野における男女の均等な機会及び待遇の確保に関する法律」（男女雇用機会均等法）が成立した。また、これに伴って同労基準法も改正された。なお、男女雇用機会均等法は、平成9年、平成18年、平成28年の改正を経て現行法に至っている。

(2) 育児介護休業法の制定

また、平成3年には、女性の社会進出が進むとともに核家族化や少子化の傾向が著しくなり、仕事も家庭も充実した生活を営むことができる働きやすい環境を作るため「育児休業等に関する法律」が制定された。その後、平成7年には、介護休業制度が創設され、法律名も「育児休業、介護休業等育児又は家族介護を行う労働者の福祉に関する法律」（育児・介護休業法）に改められた。育児・介護休業法は、その後、平成13年、平成16年、平成21年、平成28年の改正を経て現行法に至っている。

(3) 男女共同参画社会基本法の制定

さらに、平成11年には、男女共同参画社会基本法が制定され、「男女が、社会の対等な構成員として、自らの意思によって社会のあらゆる分野における活動に参画する機会が確保され、もって男女が均等に政治的、経済的、社会的及び文化的利益を享受することができ、かつ、共に責任を担うべき社会」（男女共同参画社会）の形成に向けた様々な施策の基本となる事項が定められた。

(4) 次世代育成支援対策推進法の制定

その後、平成15年には少子化を背景として、企業等に対し、子どもを育成する家庭に対する支援や環境の整備を促す次世代育成支援対策推進法が制定された。同法は、当初は10年間の時限立法とされていたが、平成20年改正、平成26年改正を経て平成38年３月末まで延長されている。

(5) 女性活躍推進法の制定

平成27年には、女性雇用者の出産・育児等による離職や非正規雇用の増加、管理職に占める女性の割合が国際的に低い水準にあるといった現状を踏まえ、女性の個性と能力が十分に発揮できる社会を実現するため「女性の職業生活における活躍の推進に関する法律」（女性活躍推進法）が成立し、平成28年４月より全面施行された。

このように、女性の雇用については、男女雇用機会均等法の制定以降、社会状況の変化や国際的な流れを受けて様々な法整備が進んでおり、今後も、この流れは加速していくと考えられる。しかし、法律の規制があるから対応するという消極的な態度ではなく、法律の流れを理解し、いち早く女性の活躍推進や格差解消に積極的に取り組んでこそ、女性の力を生かして他の企業にはない優位性を確立することにつながるのである。

2　男女格差の解消と女性の活躍を推進する法制度

(1) 男女雇用機会均等法

企業の雇用における男女格差を解消し、機会の均等を図るうえで重要な法律は男女雇用機会均等法である。

男女雇用機会均等法では、募集・採用、配置（業務の配分及び権限の付与を含む）・昇進・降格・教育訓練、一定範囲の福利厚生、職種・雇用形態の変更、退職の勧奨・定年・解雇・労働契約の更新の場面において性別を理由とする差別を禁止している（同法5条、6条）。また、性別以外の事由による取り扱いであっても、実質的に性別を理由とする差別になるおそれがある場合は、いわゆる間接差別として合理的な理由がない限り禁止される。例えば、募集や採用にあたり身長・体重などの体力を要件としたり、昇進等において転居を伴う転勤を要件とすることなどがこれにあたる。

また、性別を理由とする差別的な取り扱いの禁止は、男女双方に対するものであり、女性であることを理由とする場合だけではなく、男性であることを理由とする場合にも禁止される。

その他、男女雇用機会均等法では、職場におけるセクシャルハラスメントを防止するために、事業者が雇用管理上必要な措置を講じること等が義務付けられている（同法11条）。

図表４－５　性別を理由とする差別的取り扱い

直接差別（5条、6条）	募集・採用、配置（業務の配分及び権限の付与を含む）・昇進・降格・教育訓練、一定範囲の福利厚生、職種・雇用形態の変更、退職の勧奨・定年・解雇・労働契約の更新において、性別を理由とする差別を禁止。
間接差別（7条）	性別を理由とする差別につながりうる以下の行為については、合理的な理由がない限り禁止。 ①労働者の募集又は採用にあたって、労働者の身長、体重または体力を要件とすること ②労働者の募集若しくは採用、昇進又は職種の変更にあたって、転居を伴う転勤に応じることができることを要件とすること ③労働者の昇進にあたり、転勤の経験があることを要件とすること

(2) ポジティブアクション

男女雇用機会均等法は、労働者に対して性別を理由とする差別的取り扱いを禁止する一方で、過去の女性労働者に対する取扱いなどが原因で生じている男女労働者間の事実上の格差を解消するための措置は、法に違反しない旨を定めている（同法8条）。このような男女労働者間の事実上の格差を解消するための取組をポジティブアクションという。

内閣府男女共同参画局は、男女共同参画基本法に定める男女共同参画社会の実現に向け、「社会のあらゆる分野において、２０２０年までに、指導的地位に女性が占める割合が、少なくとも30％程度になるよう期待する」という目標を掲げており、その達成に向けたポジティブアクションを推進している。具体的なポジティブアクションの方式・手法には次のものがあり、組織の特性に応じて効果的な方式・手法を選択することになる。

図表４－６　ポジティブアクションの方式と手法

方式	具体的手法
(1) 指導的地位に就く女性等の数値に関する枠などを設定する方式	性別を基準に一定の人数や比率を割り当てるクオータ制などの手法
(2) ゴール・アンド・タイムテーブル方式	指導的地位に就く女性等の数値に関して、達成すべき目標と達成までの期間の目安を示してその実現に努力する手法
(3) 基盤整備を推進する方式	研修の機会の充実、仕事と生活の調和など女性の参画の拡大を図るための基盤整備を推進する手法

図表4-7　女性活躍推進法における一般事業主の義務

自社の女性活躍に関する状況の把握・課題分析

- ①女性採用比率、②継続年数男女差、③労働時間、④女性管理職比率は必須項目。
  必要に応じて任意項目についても把握する。

行動計画の作成・届出・社内周知・公表

- 「計画期間」、「数値目標」、「取組内容」、「取組の実施時期」を盛り込む。
- 管轄の都道府県労働局長に行動計画を届出する。
- 行動計画は労働者に周知し、かつ、インターネット等で公表する。

女性の活躍に関する情報の公表

- 所定の14項目のうち事業主が適切と認めるものを公表する。
- おおむね1年に1回以上、公表日を明らかにする。

(3)　女性活躍推進法

女性活躍推進法は、基本法である男女共同参画社会基本法の基本理念にのっとった実施法として位置付けられ、これまで事業主の自主的取組に委ねられてきたポジティブアクションの実効性を高め、加速化させることを目的とした法律である。

女性活躍推進法では、301人以上の労働者を雇用する企業等においては、自社の女性の活躍に関する状況把握と課題分析を行い、それを踏まえた数値目標を含む行動計画の策定、社内周知、公表を行うこと、行動計画を策定した旨の届出を都道府県労働局へ行うこと、女性の活躍に関する情報の公表を行うことを義務付けている。また、300人以下の同労者を雇用する企業等についてはこれらの義務は努力義務とされている（同法8条）。

また、女性活躍推進に取り組む企業等の競争力強化策として、女性活躍推進法では厚生労働大臣による認定制度を設けている（同法9条）。具体的には、行動計画を策定して届出を行った企業等のうち、女性の活躍促進に関する取組実施状況等が優良な企業等は申請により「えるぼし」マークの認定を受けることができる。認定を受けると、認定マークを商品や広告などに使用でき、女性活躍推進企業であることをアピールして、企業イメージの向上や人材の確保に役立てることができる。さらに、女性活躍推進に取り組む企業等に対して、国等からの受注機会の増大等の施策を講じることも規定されている（法20条）。

図表４−８　えるぼしマーク

３　労働者の妊娠・出産・育児と仕事の両立を支援する法制度

(1)　妊娠中の女性労働者の保護

男女雇用機会均等法及び労働法では、妊娠中の女性労働者の母体を保護する趣旨から、図表４－９のような規定がなされている。

図表４－９　妊娠中の女性労働者の保護

規定	具体的内容
①母性健康管理（男女雇用機会均等法12条・13条、同規則２条の３）	・女性労働者が妊娠した場合、「母子健康管理」を事業主に義務付け ・妊産婦が保険指導や健康診査等を受診するために必要な時間を確保するなどの必要な措置を講じる義務
②妊婦の軽易業務転換（労働基準法65条３項）	・妊婦が請求した場合は、他の簡易な業務に転換させなければならない。
③妊産婦の危険有害業務の就労制限（労働基準法64条の３）	・重量物を取り扱う業務、有害ガスを発散する場所における業務、その他妊産婦の妊娠・出産・哺育等に有害な一定の業務に就かせてはいけない。
④妊産婦が請求した場合の制限（労働基準法66条１項～３項）	・時間外・休日労働・深夜業の制限 ・変形労働時間制の適用制限

(2) 産前・産後・育児休業

妊娠・出産・育児のための休業については、労働基準法及び育児介護休業法において、図表4－10のとおり規定されている。

図表4－10　産前・産後・育児休業の制度

規定	具体的内容
①産前休業（労働基準法65条1項）	・出産前（出産予定日前）6週間以内から取得できる（双子以上の場合は14週間以内） ・労働者の請求による休業
②産後休業（労働基準法65条2項）	・出産の翌日から8週間（うち6週間は強制的な休業であり就業不可）。 ・6週間経過後は、本人が請求し、医師が支障なしと認めた業務に就業可。
③育児休業（育児介護休業法5条～9条の2）	・原則として子が出生した日（女性労働者は産後休業終了日の翌日）から子どもが1歳に達するまでの間で労働者が申し出た期間に取得できる。 ・保育所等に入所できない等の一定要件を満たした場合は、最長2歳まで延長できる。 ・夫婦ともに育児休業を取得するなど、一定要件を満たす場合は、1歳2か月まで延長できる制度あり（パパ・ママ育休プラス）。

(3) 職場復帰した女性労働者の保護

産前産後の休業及び育児休業を経て、職場復帰した後も育児と仕事の両立を可能とするために、育児介護休業法では、図表4－11の規定が設けられている。

図表４－11　職場復帰した女性労働者の保護

規定	具体的内容
①子の看護休暇（育児介護休業法16条の2、3）	・小学校就学前の子を養育する従業員は、負傷し、若しくは疾病にかかった子の世話をするために、または、その子に予防接種や健康診断を受けさせるために、1年に5日（小学校就学前の子を2人以上養育している場合は10日）を限度として子の看護休暇を取得できる（半日単位の取得も可）。
②所定外労働の制限（育児介護休業法16条の8）	・3歳未満の子を養育する従業員が申し出た場合、所定労働時間を超えて労働させてはならない（事業の正常な運営を妨げる場合を除く）。
③時間外労働・深夜業の制限（育児介護休業法17条、19条）	・小学校就学前までの子を養育する従業員が申し出た場合、1か月24時間・1年１５０時間を超える時間外労働や、午後10時から午前5時までの深夜業務をさせてはならない（事業の正常な運営を妨げる場合を除く）。
④短時間勤務制度（育児介護休業法23条1項）	・3歳に満たない子を養育する従業員が一定の要件を満たした場合、通常の所定労働時間を短縮（原則6時間）できる制度。

(4)　ハラスメントに対する事業者の措置義務

男女雇用機会均等法及び育児介護休業法は、妊娠・出産、産前産後休業、育児休業等を利用する女性労働者へのマタニティ・ハラスメント（マタハラ）や、男性労働者へのパタニティ・ハラスメント（パタハラ）が社会問題化したことを受け、これらの休業に伴う解雇、雇止め、降格などの不利益な取り扱いや、上司や同僚等の言動によって就業環境が害される事態を防止するため、こうしたハラスメントを禁止するとともに、企業に対し、労働者からの相談に応じ、適切に対応するために必要な体制の整備その他の雇用管理上必要な措置を講じなければならないとして措置義務を規定している（均等法11条の2、育児介護休業法25条）。

図表4－12　ハラスメントに該当する行為

女性労働者に対するマタニティ・ハラスメント（マタハラ）に該当する行為	・妊娠・出産、産前・産後休業等を理由とする解雇、雇止め、降格などの不利益取り扱い（均等法9条3項） ・育児休業等を理由とする不利益取り扱い（育児介護休業法10条、16条の4、16条の10、18条の2、20条の2、23条の2） ・妊娠・出産、産前・産後休業等に関する言動により就業環境が害されること（均等法11条の2） ・育児休業等に関する言動により就業環境が害されること（育児介護休業法25条）
男性労働者に対するパタニティ・ハラスメント（パタハラ）に該当する行為	・育児休業等を理由とする不利益取り扱い（育児介護休業法10条、16条の4、16条の10、18条の2、20条の2、23条の2） ・育児休業等に関する言動により就業環境が害されること（育児介護休業法25条）

(5) 次世代育成支援対策推進法による環境整備の推進

次世代育成支援対策推進法は、常時雇用する従業員数が301人以上の企業に対して、次世代育成支援のための行動計画を定めることを義務付けている（同法12条）。また、事業者が、行動計画に定めた目標を達成し、育児休業取得率の基準を満たした場合には、その事業主を認定する制度も設けられた。この制度により認定を受けた事業主は「くるみんマーク」を商品等に使用することができ、仕事と家庭の両立がしやすい企業であることをアピールすることができる。また、平成26年の改正では、くるみん認定企業のうち、より高い水準の取組を行っている企業を「プラチナくるみん認定企業」として認定する制度も設けられている。

図表4-13　くるみんマーク

くるみんマーク

プラチナくるみんマーク

4　労働者による家族の介護と仕事の両立を支援する法制度

(1)　休業・休暇

労働者が家族の介護に従事する場合の休業及び休暇について、育児介護休業法では、図表4-14のとおり規定されている。

図表4-14　介護休業と介護休暇

規定	具体的内容
①介護休業（育児介護休業法2条2号、11条～16条）	・負傷、疾病又は身体上若しくは精神上の障害により、2週間以上の期間にわたり常時介護を必要とする状態（要介護状態）にある対象家族を介護するための休業。 ・休業期間は、対象家族1人につき、3回まで、通算して93日を限度として、原則として労働者が申し出た期間（同法11条、15条）。 ・対象家族の範囲は、配偶者（事実婚を含む）、父母及び子、祖父母、兄弟姉妹、孫、配偶者の父母。

②介護休暇（育児介護休業法16条の5～7）	・負傷、疾病又は身体上若しくは精神上の障害により、2週間以上の期間にわたり常時介護を必要とする状態（要介護状態）にある対象家族を介護、その他の買い物・通院の付き添い等の世話を行うために、1年度に5日（対象家族が2人以上の場合は10日まで）取得することができる休暇。 ・1日単位又は半日単位で取得可。 ・年度は、事業主が特に定めをしない場合は、毎年4月1日から翌年3月31日まで。

(2) 介護に伴う就業環境の整備

労働者が、家族の介護と仕事を両立するための支援制度として、育児介護休業法は、図表4－15のような介護に伴う環境の整備に関する規定を置いている。

図表4－15 介護に伴う就業環境の整備に関する制度

規定	具体的内容
①所定外労働の制限（育児介護休業法16条の9）	・要介護状態にある対象家族を介護する労働者が請求した場合においては、事業の正常な運営を妨げる場合を除き、所定労働時間を超えて労働させることはできない。
②時間外労働の制限（育児介護休業法18条）	・要介護状態にある対象家族を介護する労働者が、その対象家族を介護するために請求した場合においては、事業の正常な運営を妨げる場合を除き、1か月について24時間、1年について150時間を超える時間外労働をさせてはいけない。
③深夜業の制限（育児介護休業法20条）	・要介護状態にある対象家族を介護する労働者が、その対象家族を介護するために請求した場合においては、事業の正常な運営を妨げる場合を除き、深夜において労働させてはならない。
④短時間勤務制度（育児介護休業法23条3項）	・要介護状態にある対象家族を介護する労働者について、就業しつつ対象家族の介護を行うことを容易にする措置として、連続する3年以上の期間における所定労働時間の短縮等の措置を講じなければならない。 ・介護のための所定労働時間の短縮等の措置は、2回以上の利用ができる措置としなければならない（育児介護休業規則74条）。

(3) ハラスメントに対する事業者の措置義務

育児介護休業法は、マタハラと同様に、ケア・ハラスメント（ケアハラ）の防止についても同様の規定を設けており、介護休業等を利用した労働者に対する解雇、雇止め、降格などの不利益な取り扱いや、上司や同僚等の言動によって就業環境が害される事態を防止するため、これらの行為を禁止するとともに、企業に対し、労働者からの相談に応じ、適切に対応するために必要な体制の整備その他の雇用管理上必要な措置を講じなければならないとして措置義務を規定している（育児介護休業法25条）。

図表４−16　ハラスメントに該当する行為

ケア・ハラスメントに該当する行為	・介護休業等を理由とする解雇、雇止め、降格などの不利益取り扱い（育児介護休業法16条、16条の7） ・介護休業等に関する言動により就業環境が害されること（育児介護休業法25条）

5　多様な働き方を促進する法制度

(1) 労働時間の多様化

労働基準法では、使用者は、原則として、休憩時間を除き、１日に８時間、１週間に40時間を超えて労働させてはならないと定めている（同法32条１項、２項）。また、使用者は、少なくとも毎週１日の休日か、４週間を通じて４日以上の休日を与えなければならない（労働基準法35条１項、２項）。

もっとも、労働基準法は、フレックスタイム制や変形労働時間制の採用を可能としており、これらの法制度を活用することによって、時間的制約を緩和することができる。

図表4－17　フレックスタイム制度と変形労働時間制

制度	具体的内容
①フレックスタイム制（労働基準法32条の3）	1か月以内の一定期間を清算期間としてその総労働時間をあらかじめ定めておき、その枠内で、労働者が日々の始業時間、就業時間を自主的に決められる制度。
②変形労働時間制（労働基準法32条の2、同4、同5）	1週間単位、1か月単位、1年単位のそれぞれの範囲内で、週当たりの平均労働時間が40時間を超えないことを条件に、始業時間や就業時間を変更し、業務の反感に応じて労働時間を配分する制度。

(2)　就業場所の多様化

就業場所等の労働条件は、雇用契約時において合意されるが、最近では、就業規則において在宅勤務制度を導入している企業も増えている。

在宅勤務制度は法律上の制度としては規定されていないが、就業規則等において具体的な条件を決めておく必要がある。特に、在宅勤務制度を認める要件や期間、就業時間、就業場所、費用負担、企業情報の管理、評価方法等が問題となりやすいため具体的な取り決めが必要である。

(3)　雇用形態の多様化

女性が出産・育児等による離職後に再就職する場合の雇用形態は、正社員等の正規雇用ではなく、パート、アルバイト、派遣、契約社員、嘱託等の非正規雇用となる場合が多い。このような雇用形態の多様化に応じて、パートタイム労働法、労働者派遣法、労働契約法など、雇用形態に応じて非正規雇用に関する法制度が整備されている。

特に、労働契約法は、正社員等の期間の定めのない無期雇用労働者（正規雇用労働者）と有期雇用労働者との間で、期間の定めの有無による不合理な労働条件の相違を禁止しており（労働契約法20条）、厚生労働省は、このような不合理な待遇差を解消し、同一賃金同一労働の実現に向けたガイドライン案を公表している。また、同法は、平成25年４月１日以降、有期雇用契約が繰り返し更新されて通算５年を超えた場合は、労働者の申請により、期間の定めのない無期雇用契約へ転換できるルールを設けている（同法18条）。

企業において、女性が長く安定した職場環境で能力を発揮するためには、正規雇用と非正規雇用との不合理な待遇差を解消し、また、非正規雇用から正規雇用への転換を図ることが重要であり、今後もこうした法整備が加速すると考えられる。

（中澤未生子）

第5章
事例に見る他企業の取組

ひとくちに「女性を登用する」と言っても、中小企業が実際に実施するには様々なハードルがある。経営者の意識変革、周囲の協力、コストの問題、手探りの運用、働く側とのコミュニケーション・・・。この章では、女性を登用することで自社の課題を解決しながら業績を向上させているモデル企業を取り上げ、その取組について紹介していく。

事例Ⅰ　株式会社ＫＭユナイテッド——塗装工事業界の職人減少という難問に発想の転換で挑戦

「めっちゃプロフェッショナル」で希望を未来へ
〝できない〟を可能にする発想の転換と実行力でイノベーションを起こし
屈指のダイバーシティ企業として成長する塗装工事会社

1　仕事の分析から始まった職人育成改革

従来のイメージでは完全に男性社会と考えられていた建築塗装業に、様々な仕組みを取入れ女性職人の就業を可能にした会社として、株式会社ＫＭユナイテッドは多方面から注目され、数々の賞も受賞している。２０１３年１月に創立してからわずか数年で、対外的に高い評価を受ける人事制度・人材育成システムを確立するとともに、業績も初年度の７倍近くと大きく拡大を続けている。

建設業界ではかなり以前より問題視されてきながら、抜本的な解決方法が見つからないままの状況が続く職人不足の問題に、新しい考え方・仕組みづくりで挑戦しつづける株式会社ＫＭユナイテッドについてその歩み

【会社概要】

本社所在地：京都市下京区５条堺町角塩釜町３６３番地ウエダ本社北ビル４階
設立年月日：２０１３年１月29日
従業員数：31名
資本金：１，５００万円
事業内容：塗料及び塗料関連資材の販売・コンサルティング
塗装・左官・防水・内装仕上工事業

このひとに聞く

社長・ＣＥＯ　竹延幸雄氏（図表５－２）
経済産業省 ダイバーシティ普及アンバサダー・国土交通省 建設業イメージアップ戦略委員・関西学院大学 客員研究員（グローバル・アントレプレナーシップ教育研究センター）

図表5-1 社屋

図表5-2 竹延幸雄社長

をみていきたい。

現社長の竹延幸雄氏は、大手鉄鋼メーカー、広告業界のサラリーマン時代を経て、まったく畑違いの創業67年の老舗建築塗装業である株式会社竹延に入社した。社長の女婿としての入社であったが、大企業での実務経験を中小企業経営に活かしながら経営改善をすすめ、紆余曲折はありつつも入社時から大きく業績を伸ばすことに成功した。

株式会社竹延の経営に携わる中で潜在的に常に意識をしていたのが、もっとも重要な経営資源ともいえる「職人」の不足問題であった。

１９６０年代の高度経済成長を背景に、もともと建設技能者を正社員として抱える慣習が少ない建設業界では、下請けの小規模・零細企業が人材の需給調整の役割を果たす産業構造となっている。１９９０年代後半から始まった建設不況により比較的高水準であった賃金も低迷し、３Ｋともいわれる労働環境とあいまって若者の入職率が激減、若手が育たず職人の高齢化が進んだ。今後も２０２０年のオリンピック開催などを控え大型工事が予定されるが、大手ゼネコンや業界での問題解決への動きは鈍い。

業界全体の大きすぎる問題に対して、有力とはいえ関西の一中小企業ができることがあるのか。先達の企業の中にも、この問題を放置してはいけないと解決に乗り出したものの、失敗に終わっている例もある。とはいえ、先送りにしても結局は自社が直面する大きな問題であることには変わりはなく、手をこまねいていてはならないと竹延社長は考えた。

現在の株式会社竹延、株式会社ＫＭユナイテッドの社是『社はお客様のためにある』という言葉にあるとおり、顧客に対して「自分の信じるものを提供する、得していただく、要求を満たす」ことで「お客様に喜んでいただく」のが仕事の根幹である。

喜んでいただくためには一流の品質が必要だが、果たしてそれが今後も顧客に提供し続けられるのか。一流の品質を担保する職人の技を継続し、磨き、伝えていかねばならないが、新しい人材が入ってこない。入ってきたとしても、厳しい労働環境・世間のイメージなどで決して人気職種とは言えない職を希望するのは「他に仕事がないから」という消極的な理由も多い。この仕事しかないからという姿勢の人に、顧客の衣食住の「住」を担う家を任せていいのか？という想いがあった。人材不足がいずれ会社の業務に支障をきたすという危惧はもちろんだが、「自分の信じるものを提供する」ためにも、腕のいい職人を育成しなければ、というジレンマが大きかったのも原動力となった。

手始めに、まず職人の仕事の分析に着手した。ベテランの職人が例えば一日の現場で、どんな仕事をどれだけしているのかを細かく時間単位で調査し、その業務内容を難易度で分けてみる。そうすると作業のステップの中でも、難易度の高い技術力が必要な作業と、それほど熟練した技術を必要としない作業に分けられることが判明した。作業工程を細分化して調べたところ、左官仕事の35％、シール作業の55％、内装の60％、塗装の50％が、熟練した職人でなくても対応できると判断された。

一人前の職人をひとり完全に育成するには10年以上の時間がかかる。しかし比較的簡易な作業であれば、一定の技術レベルに到達するまでの習熟時間が短くて済む。熟練職人と初級クラスの職人を組み合わせて作業にあたれば、ひとりであれば1工程しかできない時間に複数工程をこなすことが可能になる。しかも、簡易な作業を行う初級クラスの職人も、繰り返し反復することでその工程に限っては熟練速度が速く、仕上がりの質も向上するため、全体としての質もアップする。

この職務分析は、作業の難易度とともに軽作業・重作業といった作業の質も明らかにする。これが判明すれば、たとえば力のない女性や高齢者でも軽作業であれば対応が可能となる。難易度と質を分別し条件に合わせて組合わせることで、今まで職人として育成が困難であった層に対しても対応が可能となり、潜在的に就業可能な人材を増加させることができる。減少する職人の育成に着手するため、まず初級クラスの職人を対象者を広げて育成すれば、業界の長年の難問解決の端緒となる可能性はある。

このモデルが成立可能と判断した竹延社長は、新しい人材育成手法を取り入れた別会社を親会社の第二創業という形で立ち上げる。親会社のビルの1室、更衣室だった部屋を間借りして、株式会社KMユナイテッドは創立された。

2　職人を増やせ！「だからできない」をなくすための具体的施策

(1)　人材育成

新会社では職人の育成が至上命題ともいえるキーポイントとなるため、人材育成について様々な試行錯誤を繰り返し、対策に力を入れている。その具体的な施策について述べる。

①　高齢職人による技術の伝承

親会社でかつては花形職人だった60～70代の職人たちは、体力的な問題で現場に出ることができなくなり会社での軽作業に従事しているが、モチベーションは著しく低下していた。彼らに新しい会社へ移籍してもらい

図表5-3　ベテランと女性職人ポスター

人材育成を任せれば、会社の見えない資産である技術を伝承することができ、本物を伝えることができる。さらに、後進に教えることで彼ら自身も仕事に張り合いが戻り、生き生きした仕事ぶりが戻ってきた。

高齢で身体は動かなくても、彼らから学ぶものは技術だけではない。竹延社長は工事や技術に関してアドバイスを熟練の職人に求めることがある。技術関連に関わらず、竹延社長は「意見は全員からは聞かない。全体の意見を取り入れると中庸の判断となり、かえって中途半端になる。」と言う。それではどうするかといえば、

「一流の人の意見を聞く」。

熟練の職人は、長年第一線でやってきた実績を持つ、その筋で一流の仕事人である。それは仕事面だけではなく、精神面、生活スタイルにも「流儀」がある。ベテランで一流の職人は、ポジティブで人間的にも器が大きい。作業着で汗まみれで仕事をしても、帰る時には格好よい服に着替え、自宅も洗練され快適に暮らしている。そういった、人間性をもひっくるめた「仕事人としての流儀」から、社内の他の人間が学ぶものは大きいと考えている。

②自社独自の研修施設『大阪職人育成塾』を設置

会社敷地内に設置した技術研修施設で、ベテラン職人をインストラクターとした様々な技術研修を実地に行う。土曜日の参加とはなるが給与を付加する形で、会社ぐるみの教育制度として活用している。

最上級のインストラクターを『レジェンドインストラクター』として、以下、いろいろなレベルの職人が一堂に会し、技能レベルに即した実技研修を受けることができる。普段の仕事現場では伝えきれない細かい点や、日常業務に取り紛れて教える機会自体を失ってしまうといった問題を解消し、各レベルの職人の「教える技能」＝トレーナーズ・トレーニングにも有効であるというメリットもある。

社員を真剣に技術習得に向かわせる仕掛けも作っている。向学心だけでは継続にも限界があるが、自主的に社員が技術習得に努めるのには、「ハイエンド手当」という制度で会社も後押しをしているからでもある。この制度は、会社が指定した高度な塗装技術を会得すれば、基本給にプラスして手当を支払うというもの。年功序列で給与が上がるだけでなく、自主的に技術習得に取り組めばキャリアとは関係なく、入社して日が浅くとも中堅社員並みの給与を得ることができるといった仕組みである。

今後京都で伝統技能を学べる『京都育成塾』の立ち上げも検討。ｅラーニングやアプリの利用などにより、他の地域との連携も検討されており、業界でも注目の取組となっている。

③ＩＴの活用

●ｅラーニングシステム『職人速戦力』の開発

効率的な技能の習得・向上に取り組める新たな仕組みとしてＩＣＴ（情報通信技術）を活かした育成環境整備も行っている。教育ＩＴツールの製作会社と協力して、クラウド上に記録した熟練技能の動画とテキストを教材に、スマートフォンを使って自己学習ができるシステム『職人速戦力』を開発した。テレワークの考え方をもとに、場所や時間の制約を無くした教育機会を若手や中堅職人に提供する。

ベテラン職人の技を、実際に学ぶ側が見ているかのような視点から撮影した動画教材と、「目で盗む」と言われてきた技能を数値やわかりやすい言葉で表現したテキスト教材と合わせ学習する。理解の過程で分からないことがあれば、書き込みのできるコメント欄で質問して熟練職人の生の解答を得ることもできる。繰り返して観ることで反復学習が可能になること、個々の職人のレベルに合わせて個別学習ができることなどで、新しい職人育成ツールとして期待が集まる。

●職人の技動画アップサイト『技ログ』構築

技術の学習素材を検索したり、技能・ノウハウの共有や、自己の技術力の価値を再確認できる場として、職人の技の動画を投稿するサイトを構築した。社内や取引先、連携先との共有はもちろん、零細・一人親方が多く技術の承継・共有が難しい業界で、広く活用されるプラットフォームシステムの一環として機能させる。

図表5-4　技ログアプリ画面

④社外の学習施設・学習機会を活かす

●富士教育訓練センター

さらに高度な技術を教えるには、社内の指導だけではすべての対応はできない。調べてみると建設産業専門の訓練施設が静岡県富士宮市にあることが分かった。ハローワークから人材育成費用として半額が助成されること、業界の協同組合からも補助が出るということで、左官技術の習得のため利用している。2カ月間の技術研修を社員が交代で受講し、現在も技術の向上の一助として利用中である。

●取引先への研修

塗料の取扱いも行っているため見本板が必要となり、職人をメーカーへ見本板の塗装作業の研修に行かせるような機会も作っている。現場に行ってみると、実際塗装作業を行っているのはパートの普通の女性であったが、その作業ばかりをしているため出来栄えは熟練職人並みであった。そういった、コマギレだが完成度の高い技術の習得にも、機会があれば取り組んでいる。

3　本当にやる気のある人材を発掘する。条件にとらわれない採用戦略

(1)　人材採用

①　採用条件は「やる気」だけ

新しく人材を募集するときに、通常ならば設定される国籍、年齢、性別、学歴や業界経験などの応募条件は、すべて不問とした。高卒や大卒で新卒として就職したものの会社と馴染めなくて辞めた人、結婚や出産でキャリアが断絶した人、様々な理由で引きこもりなどになってしまい未だ復帰の糸口がつかめないでいる人……その時点では仕事のキャリアのレールからドロップアウトした状態かもしれないが、その状態を自分自身で良しとしているわけではなく、機会さえあれば十分にやる気のある人もいるはずだ……そういった人たちをいかに吸い上げるか。条件的には門戸を広げて、本当にやる気のある人材を取りたいという方針であった。

特に女性の中には、離婚したいが自分自身に生活力がないために独立ができない、といった事情の人もいる。そういった人は真剣みがちがい、消去法の選択で面接を受けに来る男性とは客観的に見ても差がみられる。

新卒の採用についても、当初は大手企業と戦えない状態であったが、労働環境を整えて収益も出せる実力を

図表5-5　女性職人

図表5-6　女性職人作業中

つけ会社の価値を高めればいつかはたくさんの入社希望者が来るようになる、いや来るようにしなければならないと考えていた。制度が整い対外的な評価が高まるにつれ一定の結果が出せており、現在の建設業の市場求人倍率は8.5倍と5年前の2倍弱とは比べ物にならない高さだが、ありがたいことに２０１７年の新卒応募は42人にものぼった。中で8名を採用し、しかもうち半数の４名は女性である。

このことで痛感したのが、「中小企業であっても、企業価値を高めることで採用については大企業と戦える」ということだ。人ひとりが人生の多くを過ごす先として自社を選んでもらえるかどうか。最終的には人間力の範疇の勝負になると考えている。

②ハローワークの活用

採用をスタートしたものの、一向に応募がない時期があった。求人を出しても来ないので、ハローワークに状況を聞きに行くと、まずその時点でマッチングが機能していないことが分かった。

ハローワークの方でも「女性は事務職、非正規など。建設業の現場の仕事はない」という既成概念をもって対応しているため、そもそもテーブルに乗ることすらなかったということが、現実としてあった。

その後、マザーズハローワーク、外国人ハローワークというものがあると聞き、さっそく相談に行く。外国人ハローワークの担当者は厚労省出身だったが、「あなたみたいに真剣に戦力として外国人採用を考えている人はいなかった、いい人はいっぱいいる」といってネパール人など5人を紹介してくれた。全員が全員うまく定着したわけではなく、色々ごたごたとした問題も起きて3人は辞めてしまったが、あとの2人は順調に技術を習得し成長を続けている。

女性の求職の現実について新たに学んだこともある。ハローワーク側も女性が来なくて困っている場合がある。特に大阪は男女の性的分業の考えが強いと言われており、全国でも女性の就業率が低い。

また、ひきこもりや不登校で中卒・高卒でドロップアウトしている若年層も、コンビニや飲食店などのアルバイトに安易に流れてしまう傾向がある。一概に悪いとは言えないが、若いうちに手に職をつける道筋もあるということを知ってもらえたら、人生のひとつの選択肢としてキャリアマップを描けるのではないか。建設業ではどんな仕事があって、周りにある建物はどんなふうに作られているのか。子供たちをはじめ、周囲への発信ができていないと考え、現在は小中学校に出向いて職業教育の講義を行ったり、運輸業・建設業の人手不足を問題視している厚労省の支援により、ハローワークで建設業セミナーを行ったりといった啓発活動も続けている。

4 「働きやすさ」を支える制度の整備

(1) 制度やハード面などへの取組

ある時、4大卒の建築学科出身で1歳の子供を抱える女性を採用した。彼女は建築の現場が大好き、現場監督をやってものづくりに携わりたいという意欲のある女性で、子育ては大変だが「今」働きたいという意思を持っていた。

またある女性社員は、夫が夜の飲食業で勤めているが、健康面も考え昼の仕事に移ってもらいたいと考えていた。しかし、そうすると昼間に子供の面倒を見る人間がいなくなるので、子供を連れて働きたいと言う。

朝の早いこの業界の事情に合った保育施設は残念ながら見つからない。それであれば自前でなんとかするしかないと、彼女らの要望をいれて事務所に保育ルームを併設した。まさに、「現状のシステムで無理なら仕組みを変える」である。

現在、子供を預けていた社員2名が同じタイミングで再度妊娠して、せっかく作った保育ルームに預かる人がいなくなり一時的にクローズしているが、子供が成長して彼女らが復帰することも考え、今後は近隣の事業所などと連携しての営業なども検討している。

(2) 新しい仕組みづくりの中で起きる様々な問題

従来男性だけの社会であった職人の仕事に女性を採用してきた中には、様々な問題も起こってきた。

例えば、単純に日常的な問題で困ることといえばトイレや更衣室の問題である。わざわざ女性用のトイレ、更衣室を作るにはもちろんコストもかかるが、それ以上に周囲の反応の問題もあった。特別扱いしなくて良い、駅のトイレで着替えてくればよい、といったような意見や、とりわけ内勤の女性事務職から、現場作業者が同じ更衣室で着替えるとドロドロで汚れるので、他の場所で着替えてほしいといった同性からの厳しい意見もあがった。

それらの細かい問題を一つひとつ解消する作業も、こういった初めての試みには付随してきたのである。

人材育成の仕組みづくりが順調に進んでいったにもかかわらず、結果が思うように出ない時期もあった。キャリアコンサルタントに依頼して、社員と面談をしてもらったら、耳をふさぎたいような不満を訴える生の声が出てきた。コンサルタントには、制度を整備しすぎて自立性が少ない会社になっていると診断され、竹延社長は本当にショックを受けた。

ハード面を整備し環境を整えれば、ひとは自然に成長するといった甘いものではないことに気づかされる。

こちらからのアプローチがないと、自分から「これを勉強させてください」といった次の行動が出てこない。細かい点で言えば、男性社員が重いものを片付けていても、女性社員が傍観しているだけであるなど。もちろん仕組みづくりは大切だが、常にそれを活用できるマンパワー、マインドセットが重要であると痛感している。

5 発想の転換、行動の改革はイノベーションを起こす。女性の登用から生まれた新事業

株式会社ＫＭユナイテッドは女性の活躍推進のために作った会社ではない。やる気のある人、努力できる人を採用して育てようという社の方針にあてはまったのが結果的に女性や外国人だった、と竹延社長は言う。「一人ひとりを大切にする」というスタンスで働きやすい職場づくりを追求していく中で、社内の保育スペースを設けたり、時短制度を導入するなどといった環境整備を社員の意見を取り入れて行ってきた。

そうした改善策のひとつに、数年前に社で使用する塗料を有機溶剤塗料から水性塗料に切り替えた経緯がある。これは、将来的に妊娠・出産の可能性がある身体を心配するある女性職人の言葉がきっかけとなった。

水性塗料に切り替えるためには、従来使用していた刷毛やローラーから道具や手順の変更、スプレー機械の使用といった手間がかかったが、男性職人たちの協力も得て導入に成功した。この際に刷毛からスプレー機械に切り替えたことで、作業効率が向上し、偶然ではあったが結果的に生産性が大幅に向上するというおまけがついた。

さらに、どうせ水性塗料を扱うなら、ということで通販サイトをオープン。塗装業者のプロのアドバイスがもらえることもありＤＩＹを楽しみたい一般消費者の間で人気サイトとなった。その後事務所の１階横に実店舗も併設し、妊娠などの理由で現場に赴くことのできない女性従業員が販売を担当している。

図表5-7　ペイントショップ

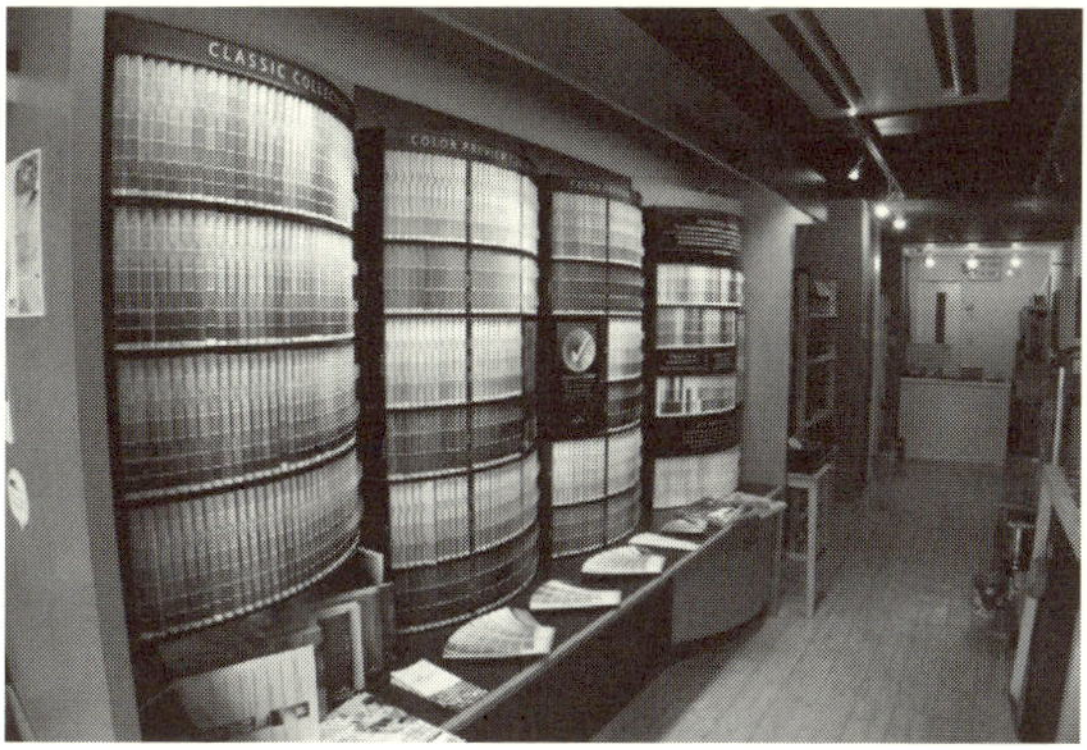

このように、ある一女性従業員のつぶやきを拾い上げ、自分たちの会社の問題として真摯に前向きに取り組む中で、従業員の労働環境も整備しながら、会社事業に新しいイノベーションを起こすきっかけになるといった好循環も生まれている。こういったきっかけ、発想は、同じ属性の人間だけで構成された組織では発生しにくい。様々な人間が存在して、それぞれの考え・行動に違いがあり、その違いを肯定的にとらえることで思いもよらなかった化学反応が起きる。その化学反応を結果につなげていくのもまた、多様な能力を持つ人間が集まった組織である。

6　遠い将来の夢の実現のため、今を大切に

竹延社長は言う。最近は、女性活用という点で社会的にも評価され、各所で取り上げられることとなったが、自分自身としては当たり前に必要なことをしてきただけで、それが現在は新しい取組だと受け止められている、と。

実母が保母、園長としてずっと働いている環境で育ったため、特に女性が働くことについての違和感がもともとない。ただ、子供心に家庭との両立は本当に大変だと感じる部分もあり、そのころか

図表5-8　役員一同

ら、もっと女性が働きやすい社会にしたいという気持ちはあった。学校を出て就職し、自分が働くようになって周りを見回してみると、当時から20年以上が経っても日本社会はそれほど変化したように感じない。本当に現状を変えたいと思うなら、現行のシステムの中で個人の努力で何とかするのではなく、「不都合があるのならばシステム自体を変えていく」ということが大切だと考えている。

とはいっても、女性だけをとりたてて活躍させようという考えから、女性の職人を採用したわけではない。会社の経営をよくするため、合理的に考えて他に選択肢がなかったともいえる。社会から評価されることについても、こうして女性活用事例として取り上げられていること自体が、世間一般にやはりまだ女性登用が進んでいない表れとも考えている。

女性だから、外国人だから、というのではなく、一人ひとりの社員を大切に育て、その人のためにできるだけのことをする。困っている人を助けるという観点ではなく、皆が自分のできることを精一杯頑張って働ける環境をお互いに作っていきたい。自分自身もいつ状況が変わって病気や介護でフルタイムで働けなくなるかわからない。

そこまで人を大切にする根底には、「この会社を日本一にしたい」

という大きな目標があるからである。事業の競争力の源泉である技術力を強固なものにし、外国勢とも渡り合える競争力を何としても獲得したい。世界でも有数の技術力を誇れるようになったら、目指したい夢もある。２０１５年の３月に国宝姫路城の45年ぶりの修復が完了した。数十年に一度めぐってくるこの大補修を、ぜひ自社の職人と技術で請け負ってみたいという夢だ。もし自分が死んでいたとしても、ＫＭユナイテッド、竹延の会社に一流の精神が脈々と受け継がれていれば不可能ではない。

「次の城塗りはうちがとる。」そのために、今日も人づくりに全力を尽くしている。

事例Ⅱ　フジ建機リース株式会社——変わる建設業界と共に受け継がれる変革のＤＮＡ

男性中心の業界の変化の流れを読み
率先して女性を受け入れ長所を生かす
自らも変化しようと革新を続ける建設機械リース業

1　事業機会を捉え変化に積極的な企業体質で成長

広大な敷地に何十台ものクレーン付きトラックが並ぶ光景は圧巻である。巨大な車庫やドックの中に日本で数台といわれる高所作業車や大型橋梁点検車が鎮座するさまは、マニアでなくとも一種の興奮を覚える圧倒的な存在感を放っている。

大阪府堺市の築港に拠点を持つフジ建機リース株式会社は、高所作業車をはじめ、クレーン付トラック（ユ

このひとに聞く
取締役　花岡和恵氏

【会社概要】
本社所在地：大阪府堺市堺区築港８幡町１番地の23
設立年月日：昭和56年９月16日
従 業 員 数：21名
資　本　金：４，８００万円
事 業 内 容：建設機械の賃貸、高所作業用自動車及びクレーン付き自動車の賃貸、自動車の賃貸、各種車輌の修理及び販売

図表5-9　敷地

図表5-10　花岡和恵取締役

ニック車）などの建設機械のリース・レンタルを行っている。

一般的な作業車だけではなく、リース会社では日本で初めての導入となるフィンランドのブロント社製・地上54ｍ高所作業車『Ｓ５６ＸＲ』や、イタリア・バーリン社製の橋梁点検車といった希少車種を多数保有しており、熟練のオペレーターとともに日本各地に派遣している。特にバーリン社製の橋梁点検車は、フジ建機リース社オリジナルの特注仕様となっており、世界にただ1台の車種である。

通常の工事現場への建設機械レンタルのほか、前出のような特殊機械搭載車は、日本各地の橋梁点検や、大型建設現場・災害地などでの高所作業に利用される。通常の高速道路で現地まで運転して到達するほか、拠点近くの大阪南港から出るフェリーに積載して、四国や九州、沖縄などでも稼働が可能である。

図表5-11　特殊車両

図表5-12　はしご車

中には2階建てほどの高さの高所作業車もあり、運転席によじ登るのに、はしごのようなタラップを上がらねばならない小山のようなサイズの車種もある。後部に搭載している点検用のブーム部分はほとんどがコンピューター制御されており、専門的な操作知識が必要となる。

この、一般の女性であれば近寄ることさえやや恐ろしいような作業車のオペレーターとして、フジ建機リース株式会社では女性オペレーターが勤務している。長年男性従業員の特殊作業であった職種に女性を採用したのは、業界の変化を敏感に感じ取り、また企業体としての自らも変わっていこうとする当社の革新的な姿勢の表れである。その柔軟性を育む土台は何か。

数年前からの新型作業車の導入と業容の拡大によって、作業者のオペレーターの補充は喫緊の課題となっていた。関係各所や取引先に向け、人材の要請を続けていたところ、取引先から紹介されたのが現在就業している女性オペレーターであった。

大型トラックでの十分な経験と、各地からの派遣要請にこたえるための長期出張が可能ということでキャリアと条件的には問題がなかったが、唯一の検討項目となったのが「女性である」という点であった。女性が男性に混じって現場作業に出る、ということは前例がなかったからである。

取締役である花岡氏は創業者の実子であり、実父の会長、実母の社長の元で、同じく取締役である夫とともに数年前から経営に関わってきた。

もともとは花岡氏の両親が昭和41年に、親会社の富士レッカー株式会社という会社を創業した。クレーン1台で土木工事現場への派遣をを請け負うところからスタートした事業は、ちょうどその年に生まれた花岡氏の成長と歩みをひとつにするかのように、順調に業績が拡大した。

その後の昭和56年に関連会社として設立されたのが、建設機械の賃貸業であるフジ建機リース株式会社である。富士レッカー車が各種クレーン作業や輸送全般等、現場作業を行う業態であるのに対し、この新会社は扱っているものこそ土木や建設機械や作業車ではあるが、リースを行うサービス業である。

実父の楠一氏は、この新しい会社の社長に妻の伊佐子氏を据えた。荒っぽい男性社会というイメージがある建設土木業界ではあるが、リースという「サービス業」であれば、現場仕事のできない女性でも経営ができるという発想だったという。まだまだ女性経営者自体が、しかも建設関連業界では数少ない中ではあったが、いわゆるたたきあげ経営者といえる楠一氏は、後に娘の花岡氏にも海外留学を積極的に勧めるなど、進取の気に富んだ人物である。

伊佐子氏の経営手腕がまたこれに応える形で、その後日本の経済成長に合わせ、両社ともが大きく事業を拡大し、現在の社の礎を築いた。


こうした、事業機会があるとみれば柔軟に対応するという姿勢は、創業以来の基本的なスタンスであったと思われる。現在は、そこへ経理と総務を担当する花岡氏と、アメリカで経営を学んだ後に、花岡氏との結婚を機に拠点を日本へ移したタイ国籍の夫ブンスー氏が、業務全般を統括する形で経営に参画している。外国人である夫が入社して、社内外でのコミュニケーションを取りながら、ある種古い体質ともいえる建設業界で経験を積む中においては、やはり様々な困難もあったが、そのことでさらに柔軟性の高い組織の土壌が醸成された。

従来の一般的な建設機械に加え、冒頭で紹介したような革新的な新型の大型作業車の導入をすすめたのはブンスー氏が中心である。当初は雲をつかむような海外とのやり取りを彼が担当することで、日本初である特別仕様車の導入までこぎつけることもできた。建造物や建築技術の高度化に伴い特殊作業車へのニーズは増加しており、新しいサービスとして業容も拡大しつつある。

新旧の経営者夫婦のそれぞれの経営スタイルの良いところを取入れつつ、将来的には事業承継も見据えながら、全体的な経営の革新に着手し始めている。

2 一歩一歩進める女性オペレーター登用

(1) 受け入れ側に配慮した採用決定

そういった中で女性オペレーター誕生の機会が巡ってきたということは、ある意味象徴的な出来事だったのかもしれない。長く会社のかじ取りをしてきた花岡氏の両親はやはり、女性が現場に出ることについて多少抵抗を感じたようである。しかし、男性と互角に渡り合う母の姿や、異国の、旧態依然とした慣習さえも残る業界で自身の経営方針を実現している夫を間近で見てきている花岡氏にとっては、初の女性オペレーターの採用問題はさほど抵抗感もなく、前向きにとらえることができた。

ただし、日常業務で直接女性オペレーターと接することとなる周囲の男性従業員については配慮する必要を感じ、現場の従業員にヒアリングを重ねた。しかし想定外にマイナスの反応は少なく、意外にもすんなりと受け入れられることとなった。今考えれば、あまりにも前例がないため「想定できないことは想定できない」という状態だったのかもしれないが、創業以来の「変化に対応する風土・力」がここでも発揮されたのではないかと考えられる。

図表5-13　研修風景

現場の声に配慮したうえで、最終的には花岡氏とブンスー氏が決断し、「業務ポジションの穴をその業務遂行能力のある人間が埋める」といった、いわば通常の経営判断で、女性オペレーターの採用が決定した。

(2)　人材育成

①「現場重視」で短期間に実力養成

非常に複雑な特殊作業車のオペレーションの教育は、ほとんどをＯＪＴの手法で手取り足取り、マンツーマンで行った。女性オペレーター以前に、特殊技能を保持する３名の男性従業員がおり、現場には車を運転する者が１名・クレーンなどの作業を担当するのが１名と、必ず２名態勢で臨む。この、現場での「見せて・教えて・やらせてみる」という実践経験を、短期間に集中的に積むことによって、実務ベースの能力をまず身につけさせる。どれだけ機械作業が高度化して、コンピューター制御が多くを占めてきたとしても、やはり技能の伝承にはフェイス・トゥ・フェイスでの訓練が大きな効果を上げる。

②生きた知識補充の機会を作り定期的にアップデート

精密な機械を搭載するため細かい整備知識も必要となる。当社では定期的に、イタリア本国からメーカー所属のインストラクターを招いて研修も行っている。こういった高度な研修にもすべて参加の機会を作り、またきめ細かく進度の状況を周囲で把握・共有することで、完全サポート体制を組み、全体でのフォローアップを心掛けた。

3 スムーズな日常業務のための環境づくり

早々に問題となったのはやはりトイレである。日常的な基本的施設だからこそ意外に重要だと気づかされた。当社でも改めて設置をすることとなり、女性オペレーターひとりの為でも、会社的なコストは必要になる。現場での着替えについては、点検車の仮眠スペースを利用して仕切りなどを設置し、そこを使用することとした。

工事の内容によっては夜間の工事も請け負うため、当社では従業員や作業員が24時間使用できる休憩所を事務所横に併設している。今後さらに女性作業員が増えれば、女性用の施設なども検討する方針である。

コストの問題でいえば、オペレーターを地方などに派遣する際、作業は数日～長期間にわたる時もある。男性同士の出張であれば、宿泊は同室ということも可能だが、女性の場合はさすがにそうもいかない。作業車を右から左にリースするだけではなく、オペレーターが随行して、必ず人件費がかかる特殊車両の出張サービスはまだまだ利益率も厳しい中、出張宿泊費が毎度2部屋分かかるという事情もある。

日常生活を送る上で細かい気遣いも必要になる。たとえば、作業員たちは、着用した肌着や下着を待機所で洗濯することもあるのだが、ある時、女性オペレーターも何気なく同じように自分の下着を洗って干していたことがある。女性用の下着が男性作業員がほとんどの洗濯干し場に吊るされているというのは、さすがに周囲のとまどいもあり、そういったことを伝えるのはやはり花岡氏の役目になる。笑い話で済むような細かい話ではあるが、日々スムーズに皆が気持ちよく過ごせるようにと思うと、細やかな配慮やちょっとした気遣いも必要になるのである。

4　業界全体で進む女性登用

クリアすべき課題・問題はありつつも、一方で女性オペレーターを登用したことによる好影響ももちろんある。

まず、男性ばかりの荒っぽい危険な現場作業、というイメージが、実際に女性が入って遜色なく業務を行っていることで、かなりイメージアップになった。昨今、ＩＴや様々なテクノロジーを取り入れることで人間の携わる業務内容も変化し生産性も上がっている。同じ建設現場や工事現場でも、力がないなど身体的な制限を取り払い、女性やシニアでも活躍できるという魅力をアピールできる。女性でも働きやすい職場ということで、今後の人材採用にプラスになることは間違いない。

女性登用の流れは業界内でも見られるようになっている。たとえば橋梁点検を依頼する建築設計会社といったクライアント側にもデータを管理する女性技術者が増加している。現場で共同作業を行う場合も多く、同性同士での協調関係で作業がスムーズに行えたり、人間関係を築けることもある。女性オペレーターの直属の上司である従業員の話によると、作業全体において緻密な段取り、慎重な作業進行といったきめ細やかな仕事ぶ

図表5-14　現場

りは男性従業員よりも優れているところもあり、そういった特長がクライアントにも好評である。

　こういった、業界や取引先の変化を目の当たりにしている従業員への影響も少なからずあり、変わっていこうとする会社の、変革に積極的な社内の土壌づくりに寄与している部分もある。冒頭にも述べたように、事業の拡大とともに、今後企業体として新たなステージに向かって進んでいるところであり、社全体で変革への意識共有や一体感、モチベーションも醸成していかなくてはならない時期である。花岡氏が入社した当時は、敷地内ですれ違っても挨拶もしないことが当たり前にある風潮であった。そういった細かいコミュニケーションの不足を改善するために、花岡氏自身は内勤ではあるが一日一度はかならず事務所の外に出て、作業をしている従業員や技能者に声掛けすることを心掛けている。朝礼なども徹底して行い、従業員の意識改革にも着手している中、女性登用に限らず新しいことをスタートして、皆で様々な課題を解決していくという意識を共有することは非常に有意義であると考えている。

5　新しい風で好循環を起こす

自分自身の誕生と共に設立され、両親が大切に育ててきた家業は、従業員・取引先といった周囲の協力によって順調に成長してきた。花岡氏は、今度は周囲への還元、そして社会への貢献も、健全な経営を続けることで実現したいと考えている。男社会の中で経営者としてがんばってきた母や、創業期を支えてくれた年配の従業員たち。生国とは違う日本になじみ、なおかつ次世代を見つめ新しい取組に奔走する夫と、そこへ力を発揮してくれる新しい世代の従業員、そして女性であっても事業を承継していくべき自分自身・・・個々の事情を持つそれぞれが、存分に自分の力を発揮して働けるような環境を作ることは、今後の経営の中で特に力を入れていきたい課題である。それぞれの働き甲斐のある良い会社を作れば業績もよくなり、会社が良くなることで経済にも寄与でき、大きな意味では良い社会づくりに繋がってゆくと思えば、ひとつずつでも進歩していくことに力が湧いてくる。

実は以前にも現場の技能職を希望した女性がいた。今から3～4年前のことである。事務職で勤務していたが現場の仕事に興味を持ち、配属を希望したが、家庭の事情で長期出張がかなわず見送った。現在は別の軽作業などに従事してもらっているが、彼女の「現場に出たい」という気持ちを実現させてやれなかったことは、課題として花岡氏の中にも残っていた。今回の女性オペレーターの登用の際には、採用を積極的に検討し、不

図表5-15　教室風景

十分でも具体的な対応をして、前回よりは進歩をしたのではないだろうか。

今後もどんどん女性にも活躍の機会を与えたいと考えており、現場の仕事だけではなく、たとえば内勤の女性の教育・育成についても前向きに取り組んでいくつもりである。具体的には、社内での教育に加え、花岡氏自身も利用した関西学院大学専門職大学院・経営戦略研究科のハッピーキャリアプログラムといった、女性リーダーを育成するための外部機関を利用することも一案だ。ここでは様々な企業で働く女性たちと出会い、同じような悩みを持ちながら努力を重ねる姿を目の当たりにした。家庭や様々な事情を持ちながら、真摯に業務に取り組もうとする仲間たちの姿を見て、女性の持つ素晴らしい可能性を再確認し、そしてこのような機会を利用して知識や経験を広げることが女性のキャリア形成に重要だということもしみじみと感じた。

その他、大手メーカー出身の、人材部門に強みを持つ経営コンサルティングの研修を受ける計画なども検討しており、外部の力を効果的に活用し、新しい風を取り入れていくことについてはコストがかかっても投資していく方針である。

図表5-16　社員一同

阪神大震災ののち、建設業界では世代交代が進んでいる。外部環境の変化を受けて、会社もどんどん変化をしていかなくてはならない時期に差し掛かっており、もっとも重要な要素は「人材」である。今後も経営革新を推し進める中で、性別・国籍にとらわれず、会社の求める人材＝自ら考えて行動する自律性と、ＰＤＣＡを自身で行い失敗を繰り返さない学習力、そして何より物事をありのままに捉えることのできる素直さを持つ人材を採用し、育成を続けたい。

多様な人材の採用をこれからも積極的に進めるために環境整備を行っていきたいが、企業の自助努力はもちろん、国からの補助なども拡充を希望する。さらに女性や外国人の登用に対しての業界だけでなく一般の理解も深めていくような発信力も必要だと感じている。

今後も、創業以来のある意味強みともいえる、環境変化に合わせ柔軟に考える姿勢を常に持ち、自らが変わって適応していくのだという、「変革のＤＮＡ」をもって、新しいステップへと取り組んでいきたい。そう話す花岡氏自身も、次世代の会社づくりへ向かってすでに進み始めている。

図表5-17　ハッピーキャリアプログラム　サイト

http://www.kwansei-ac.jp/iba/happycareer/

＊関西学院大学専門職大学院　経営戦略研究科

「ハッピーキャリアプログラム」

文部科学省「高度人材養成のための社会人学び直し大学院プログラム」の委託を受け、女性役員・管理職候補者などを対象に２０１４～１６年の３年度間実施。２０１６年には文部科学省「職業実践力育成プログラム」（ＢＰ）に認定され、さらに厚生労働省の「専門実践教育訓練給付金」の対象講座にも認定され、教育訓練給付制度（専門実践教育訓練給付）による給付金を受給することができる。リーダーを目指す女性を対象に、経営に関する知識・技能やリーダーシップ、組織マネジメント力、意思決定力、課題解決力など、リーダーとしての真の力を養成することを目的とする。

事例Ⅲ　株式会社Ｋｕｋｋ・ｉａ（クキア）――子育て女性を戦力に働き方を模索する女性経営者

個々の仕事のやりがいを大切にしてスタッフ一人ひとりを尊重
お互いが自立して事業の目標に向かってすすみながら、自身も会社も成長する
「つないで実らせる」女性社長の自然派玩具プロデュース会社

１　子供のころの原風景を再現する木のおもちゃ

大阪市の中央に位置する靭公園に隣接し、広いガラス張りの窓から木々の緑と柔らかい日が差し込むショールーム。室内につるされた木のブランコ、テーブルに広げられたインテリア小物のような木のおもちゃは、子供の安全を考えたミツロウのコーティングを施されている。

株式会社Ｋｕｋｋ・ｉａは、世界中の子供とその家族が笑顔になる木のおもちゃブランド「ｇｇ＊（ジジ）」と「ｋ・ｉｋｏ＋（キコ）」をプロデュースするほか、インテリアブランドやキャラクターブランドからのＯＥＭで木製品・陶器・磁器などの製造・生産管理、ブランドや各種商品の海外マーケットとの橋渡しとして、輸出入双方向のディレクションを手掛ける会社である。ニューヨークでファッションビジネス、マーケティングを学んでいた現社長が、帰国後木製玩具メーカーに勤めたのち創業した。

祖父が大工だったという社長は、子供のころに馴染んだ木の香りや木くずといった木工とのつながりの記憶と、自身が取り組んだファッション、デザインの世界と玩具業界での経験からインスピレーションを受け、こ

このひとに聞く

代表取締役社長　塩見和代氏

【会社概要】

株式会社Ｋｕｋｋｉａ（クキア）

本社所在地：大阪市西区京町堀１‐14‐24タツト靱公園ビル９０１号

設立年月日：２００８年７月７日

従業員数：５名

資　本　金：１，０００万円

事業内容：木製玩具の開発・製造及び販売、ＯＥＭによる製品の開発・製造、子供部屋プロデュースなど

図表5-18　会社

図表5-19　社長

のブランドを立ち上げた。

当初は自社ブランドの売上はほとんどなく、多くは各メーカーに木製品を企画提案し、ベトナム工場での生産管理を行うといったＯＥＭの仕事が中心であった。

２０１１年にメゾンオブジェ（フランス・パリで行われるヨーロッパ最大のインテリアデザインの展示会）に出展。海外で評価を受け、日本のバイヤーが現地で日本の会社と知り訪ねてくる、といったような逆輸入的な状態で知名度が上がった。

図表5-20 ショールーム

図表5-21　オリジナル木製おもちゃ

現在の従業員は日本に5名（うち日本国籍女性3名・中国籍女性・韓国籍男性の計5名）が在籍している。それぞれ経理・受発注業務・生産管理や通関業務・デザイン企画などを分担して受け持っている。ショップには主婦でパート勤務の女性が4名在籍しており、イギリスにも社員を1名駐在させている。通常、英語でコミュニケーションを取っており、日本人スタッフの英語力もアップしてきた。

経営に関しては当初ほとんど知識のない中で起業した当初、スタッフもひとのつながりの中で発掘し増やしてきた。創業女性メンバーのひとりはもともと以前の会社の先輩で、起業して人手がいるので手伝ってもらえることとなったが、子育てにも追われる中、週に何回かなら、というできる範囲の条件でのスタートだった。

働ける人、ほんとうに働いてほしい人。そんな人材に働いてもらうためには、型どおりの勤務体系ではなく、個々の事情に合わせて臨機応変に対応できる、そんなフレキシブルな姿勢を自社にも求められた。「新しい勤務システムの会社を作ろう！」といった気負いがあったのではなく、やりたい仕事を信頼できる仲間と続けていくために考えて、工夫して、協力してきた結果、現在の形にたどり着いている。

買ってくれた人が笑顔になるおもちゃを作るのだから、その会社で働いている自分たちも笑顔でいたい。それでいて、会社を継続するためには利益も必要。祖父から学んだ「不可能はない！」＝「Nothing is impossible.」を座右の銘に、「全部手に入れたいんです！」と楽しそうに笑う塩見社長の会社づくり・人づくりは、働き方の次世代の新しい風を感じさせる。

2　人に沿った仕事の割当てで機能する組織へ

(1)　業務分担と責任感の醸成

フレキシブルな働き方を認めようとする場合、規則で行動規範を決めてしまうのとは違う点で、「やるべきことの枠」を確立しなければならない。会社全体での仕事の総量が変わらないとしたら、それを効率的にこなすためには、一人ひとりの仕事の質を上げればよい。ここで塩見社長は仕事の質を上げるために、「役割分担を明確にし、おのおのの役割の習熟の度合いを高める」という、「専門化」の手法を取っている。組織とは「分担」と「統合」を要素としており、分担の大きなメリットに専門化による担当者の習熟と効率化がある。そういった組織論の理論を意識していた訳ではないが、生産性を上げるための工夫としてここでも業務の洗い出しを自然と行っている。

具体的には、まず各スタッフの業務・責任分担をしっかりと行った。従来は塩見社長がすべての業務に携わっているような状況であったが、それではいつまでも自身の身が空かず、会社の今後を左右するような次のステップへの行動のための時間が取れない。不安はあったものの、思い切って、まず社長自身があまり得意でない発注業務をスタッフに任せてしまうことにした。当初は時間もかかりミスなども発生したが、そこで手を出してしまえばスタッフにも会社にも成長はないという強い想いで、スタッフなりのやり方を尊重し、任せきることを自分に課した。これを手始めに、業務にはどんなものがあるのか、社長自身がやらなくても教えればスタッフができることはどれなのか、といった切り分けを行い、その業務に最適な人材に責任を持って担ってもらう業務分担の徹底を心がけた。

ここでのポイントは、

① 仕組みづくり‥‥業務をもう一度見直し、切り分けることでスタッフ一人ひとりが担うことのできる形に分解する。
② スタッフ側のモチベーション‥‥任せきることで責任感と自信を与える。
③ 経営者側のレベルアップ‥‥任せきることで新たな統率スキルを獲得できる。出来たスラック（余剰）時間を活用し新しい経営課題に取り組める。

の3つになる。業務を抽出し、スタッフに合わせてリサイズ、リモデルをして、各スタッフがしっかりとコミットメントを持つ形で任せきる、ということである。

働くスタイルは柔軟に対応するけれども、自分自身の分担業務に関しては責任を持つ。画一的に縛られないかわりに、「やるべきことの枠」は自分のやり方でクリアしてもらう形である。分担された仕事を、いかに質を高めていくか。任された一人ひとりが「自分ごと」をして真剣にとらえることによって、会社全体の仕事の質が向上してきた。

(2) 役割を硬直化させないコミュニケーション

役割分担は明確に決めてはいるが、各自が仕事にマンネリ化しないように、仕事内容については定期的に見直している。各従業員のやりがいを重視しており、「次にどんなことがしたいか」という本人の意欲や希望を聞き、またそうすることで仕事に対して自分の頭で考え、新しい発想を促すようにしている。12月の賞与の時期にはあえて現金を手渡すことにしており、その際に塩見社長と従業員が個別面談を行って、本人の意向をじっくりと聞き、会社側の方針とのすり合わせを行っている。

自分で考え仕事に発想を持てる社員であってほしいという中でも特に、自分のスキルアップだけではなく、「ひととひとがつながるようなミッション」を自分で探してほしいというのが塩見社長が従業員に求める仕事への姿勢である。スタッフ同士でもいいし取引先とでもいい。お客様ともっと緊密につながっていくようなアクションでもいい。積極的にひとと関わって、好循環を起こせるような人間関係を、自分からつないでいくんだ！という意識を持ってほしい。社名の『クキア』には花と大地をつなぐ「茎」という意味も込められているのだから、自分たちからまず始めなければ輪は広がらない。

3　社内のつながりを重視した人材採用と育成

(1)　採用について

とにかく、条件で勤務先を選んできているのではなく「この会社、この仕事が好きな人」ということを最重要視している。

面接をするときに確認しているのは、

①　家族を大切にしているか
②　体育会系であるかどうか
③　自分自身を3つの言葉で表現する

の3つであり、これをかならず聞いている。

学歴・職歴といった目に見える条件よりも、ひととなりを重視し、あとはテイストや感性の合う人を採用している。社内の人間関係が緊密なので、人間性が合わないとなかなか難しい面があるからだという。

人材の採用はそうそううまく行くものでもない。新卒で採用した人や、試用期間を設けて勤務してくれた人の中にも、うまく育てられず辞めてしまった人や、最後に問題を起こして辞めた人などもいる。難しい問題だと落ち込むこともあるが、おかげで雇用条件について考え、就業規則や契約書、いろいろなことが整備でき、結果的に制度を整え会社を良くしてくれたと思っている。様々な経験を経て、少人数でもあり社内の関係も濃い中では、やはりひとのつながりで採用した人が、うまく会社に適応して長く働いてくれている。キーワードは「素直」「ポジティブ」「感謝の気持ちを持てる」、これが会社の求める人材像である。

(2)　人材育成

業務については、小さい会社なので毎日の業務の中でＯＪＴで教えていく。もちろん実務も大切ではあるが、塩見社長がいちばん力を入れているのは「心を育てる」こと。従業員には心理テストを行って、タイプ別に適当な教育カリキュラムで外部の研修なども利用して育成を進めている。仕事を「こなす」ことだけでなく、対する心の在り方については大切にしているという。

たとえば、年の初めには従業員各自に「一年の抱負」を語ってもらう。内容は仕事のことでも、プライベートのことでも、遊びのことでも何でもよい。ただし、そのまま放置はしない。また数か月後に、新年の抱負がどうなっているのか、状況を聞くようにしている。

自分の言ったことに対して、まったく何のアクションも起こしていないのは問題だとみなしている。過去にも、「健康のためにヨガを始める」と抱負を語ったものの、言いながら半年たっても通っていなかった従業員もいた。そういった従業員は、結局、仕事上のことでもどんなことも有言実行できないタイプで、自社には合わないと塩見社長は思っている。しかし人は変われるものでもあり、そういった姿勢を直していくためには、仕事のやり方を教えるよりも、コミュニケーションの中で心を育てていくことに重きを置いている。

4 共有と共感をベースに、効率的に機能する仕事場づくり

(1) 制度やハード面などで整備したこと

スタッフに任せきる、といっても個々の仕事の状況把握は必要である。そこで、毎朝のミーティングで、各自から担当の状況を報告し、チーム全体で共有するをいうことを徹底している。

まず毎週月曜日には各社員が週の売上目標を発表し、どの顧客に何のアプローチを行っていくかを社全体で把握しておく。その後も毎日の報告により、個々人が今どのようなタスクを抱えていて、それがどんな状況にあるのかを全員が共有しているので、不測の事態が起こってもなんとかお互いにカバーすることができる。

また数字については、珍しいケースで特筆しておくこととして「月次の会社設定の予算がない」ということがある。通常なら上層部もしくは社長クラスで決定される、会社からの所与の月次予算などは特に設定されてないという。それではどうするのかといえば、売上予算は全員で決めていくことになっている。前年実績はもとになる数字として存在するが、月々の予算について社長から金額を提示することはなく、従業員たちで昨年の実績を見て、各々が抱えている売上の卵と相談しながら自発的な予算設定を行っていく。数字をガラス張りにし、自分たちで決定していくことで、数字に対する各自のコミットメントが取れ、目標に向かう姿勢も統一される。そういったベースがあるため、各々が週ごと、日ごとに数字の「読み」を立てて、売上を作っていく作業を自然と行えるようになっている。

(2) 子育て中の女性社員への支援

3名の女性が子育ての真っただ中であるため、特に勤務時間などについては融通を利かせている面がある。

たとえば、入出荷業務を担当している女性はもともと週4日の勤務である。あらかじめ都合の悪い日は申告してもらい、その日は同業務のできる他スタッフか塩見社長がフォロー。夕方5時には子供のいる女性従業員はみな退社するので、その後は塩見社長が対応している。

基本的には仕事よりも家庭を優先。休暇については、家庭の状況に合わせ家族が揃って過ごせるよう、盆休みの時期なども周囲と相談の上時期をずらして取ることができる。個々人のプライベートが充実すれば、その力はかならず仕事にも好影響を与えると考えているからである。

子供がいれば避けられない「病気」の時には、勤務時間の采配などには一定の自由裁量を認めており、スタッフ同士の間でも皆がお互いに早く帰るようにとすすめる社風ができている。それには、自分の仕事が時間内に終わらない時には自宅に持って帰ってでもやる、という責任感、互いの信頼感がベースにあるからである。

規模の小さい会社だが、産休制度がある。妊娠したスタッフのために制度を作り、彼女が初めて取得した。会社が従業員のためにがんばれば、従業員も応えてくれる。初めて制度を利用した彼女は、「自分の仕事がなくなってはいやだ！」と必死に復職してくれたという。

(3)　コミュニケーション

朝のミーティング時には、仕事の報告以外に各自がスピーチをする。仕事に関することでもよいし、仕事にまったく関係のないプライベートの内容でも構わない。スピーチをすること・聞くことで各スタッフのパーソナリティがお互いに明らかになり、チーム内の距離が縮まっていく。また、スピーチをすることで組織の中での自己を再認識する効果もあり、団結力を強化するのに役立っていると思われる。

株式会社Ｋｕｋｋｉａでは、単なる仕事関係というだけではなく、一緒に働く「仲間」として人間関係を非常

図表5-22　社員一同

に大切にしている。皆をつなぐのは「楽しいこと」。できるだけみんなで楽しいことを企画して、一緒に体験する。特別なことではない。例えば毎週金曜日は「happy Friday」として、みんなで一緒にランチを食べるなどといったことだ。塩見社長が手料理をふるまうこともある。

5　具体的行動が夢を叶える

今後の方向性としては、自社ブランドのｋｉｋｏ+、ｇｇ＊についてはこれ以上売上を伸ばさずに、ＯＥＭの受注を増やしていきたいと考えている。自社ブランドの実績を活かして、法人向けにＯＥＭ企画を提案し、在庫リスクがなく付加価値が高い受注につなげていき、一定の利益率を確保したい。

座右の銘であるNothing is impossible! = 不可能なことはない！をモットーに、1年後3年後5年後と、やりたいことがたくさんある。全部手に入れたいというのは本気で思っていて、そのためには有言実行。なによりも行動しようと考えている。

今、やっと会社の形が安定してきて、ルーティーンから少し自由になれた、と話す塩見社長の今からやりたいことは子供部屋のプロデュース。日本発のインテリアやおもちゃをコーディネートした、独立した空間としての子供部屋を提案していきたい。その中で子供をひとりの人間、個人として見て、自立させるという概念を訴えていきたい。

いろいろな困難が立ちはだかってきたとしても、夢は見るだけでなく叶えるもの。そして、ひとつずつ叶えていけばどんどんたくさんの夢を見ることができる。私のもとに集ってくれて協力してくれるスタッフたちと共に、これからも「楽しく」仕事をやっていきたい。そう話す塩見社長のキラキラした瞳には、新しい働き方で社員も顧客も笑顔になれる会社の姿がもう見えているかのようだ。

事例にみる女性登用成功のポイント

これまで業種も規模も違う3つの会社の事例を見てきたが、女性の登用をうまく経営に取り入れている企業にはいくつかの特徴がある。これら共通する特徴を探ることで、「我が社にも取り入れられる」女性登用のヒントが見えてくる。

1 大きな成功要素と思われる共通項

それぞれの企業によって事情や条件は様々であるが、女性を活躍させている企業をみていくと、成功への鍵だと思えるような共通項をいくつか挙げることができる。

(1) 経営者のマインド
(2) 既成概念にとらわれないフレキシブルな考え方や対応
(3) 周囲を巻き込む力

この3点について述べてみたい。

(1) 経営者のマインド

経営者のマインドとあらわしたが、これは「女性を登用しよう」という志向や、意思決定を指しているのではない。もっと大局的に、「会社を成長させるためにプラスになるか」という根本的な命題に基づいて人材の問題を捉えているかどうか、ということである。

そしてもうひとつ、うまく仕組みづくりをしている経営者に不思議に共通するのが、「女性だから〜だ」とか「前例がないから」、「うちの業界・仕事は特殊だから」といった感覚がもともとあまりないように感じられる点だ。そういった考えを否定をするというより、そもそもそういったことをそれほど意識していない傾向があるように思う。

こういった特質については、性格や育ってきた環境、周囲の考えも大きく影響するのかもしれないが、個人差と切り捨ててしまうにはあまりにももったいない資質ではないか。外部環境が目まぐるしく変わる現代において、幅広く受容できる柔軟性は経営者が持つべき要素、「スキル」と言ってしまってもよいのではないだろうか。

性別が違うから、年齢が合わないから、国籍が違うから……こういったことの業務に与える影響を考慮することももちろん重要ではあるが、根本問題の解決方法を探索するときに、問題を広くとらえ、いわば自分の思い込み（!）による枠をいかに外してフラットな姿勢で取り組めるかどうか。本書で取り上げた事例会社をはじめ、うまく経営上の諸問題に対処している経営者の多くはこの姿勢を持っているのではないだろうか。

そのほかの資質として、やってみようというトライ精神、問題に対処するための実務的な解決力と実行力、それらを支える前向きさや明るさ。このような特徴も挙げられるが、それらの資質の使い方のベースにあるのが、広い視点で問題や要素を現実的に捉え、「会社の成長という目標のために、すべきことをする」というシンプルな姿勢である。

(2) 既成概念にとらわれないフレキシブルな考え方や対応

(1)で述べた「現実をフラットに見る」スタンスで現状を捉えた上で、具体的な改善施策を検討していくのだが、その際にも「既成概念にとらわれず解決策を探る」という姿勢が、共通してみられる2つ目の要素である。

実際に改善を進める過程での具体的な対策も、今まであったが本当に今後もいるのか、他の方法でできないか、何かツールを使ってはどうか、根本的にその問題を無くしてしまえないのか、など、従来の方法論や手法と違う切り口で解決方法を考える。

そして、それを支えるのは「目の前の問題をなんとか解決しよう」という強い意志である。

(3) ひとつの力を何倍にもする巻き込み力

3つ目の共通項は、「周りを巻き込む力がある」ということである。巻き込む、という言い方もできるし、ビジネスライクに言えば「周囲をうまく利用する力がある」と言ってもいい。

特に経営資源の少ない中小企業においては、自社単独ですべてをまかなうのは困難である。その際に、既存事例をベンチマークモデルにしたり、周囲から助言を得たり、外部資源を利用する、共感してくれる人の協力を得る、といった、様々なものを他から吸収しうまく自社に取り込んでいる。

そうやって周囲の応援を得て築いたものは、いずれは業界の好事例・財産となって還元できると考えられ、そういった意味では全体を循環させるモーターであり、好ましいサイクルの源となっている。

2　取組に必要なものとは

このように見てくると、何も特殊な、入手不可能なものが必要というわけではなく、どの業種のどの会社でも多少なりともすでに持っている要素であることがわかる。足りないと思われる点も、認識と行動を変えるだけで明日からでも自社に取り入れられる内容ではないだろうか。

何から手を付けたらよいかわからない、自社の強み・弱みが自分ではわからない、といった経営相談も日々実際に多くあるが、そんな場合には、小さなことからでも「具体的な」アクションを起こしてみることを勧めたい。たとえば、

- 社内のみんなで現状を振り返ってみる……当たり前にやっていること、考えていることを見直してみる
- まわりに相談してみる……仲間を募る、困っていることを口に出してみる
- 客観的な目でとらえなおしてみる……数値を見る、他所と比較する、専門家に相談する

といったようなことである。

本章で取り上げた3事例の素晴らしい会社も、最初はこういった、身近で小さなトライからスタートしている。成功事例にみる共通項を意識しながら、自社においてもまずは具体的になにか行動してみると、必ず何かが変わる。そして、変えていかなくては未来がないことを一番知っているのも、経営者であり、また一緒に事業を担っている社員である。

事業を支えているすべての人の根底には、「経営をよくしよう」「いい仕事がしたい」「会社や自分の夢を叶

性を持っている。この3つの事例をひとつの指針として、進むべき方向に向かって一歩を踏み出すことは、どの業界、会社、事業所、どの経営者であっても不可能ではないはずである。

（高橋佐和子）

執筆を終えて（座談会）

1　執筆者の活動紹介

福田：本書は、大阪府中小企業診断協会所属の中小企業診断士で、異なるバックグラウンドを有する女性4名が執筆しました。「中小企業診断士」についてイメージを持ちにくい方もいらっしゃいますので、どのような活動をしているか、簡単に紹介してください。

東：主に大阪市の中小企業支援機関で窓口相談を担当しています。日々、さまざまな業種の経営者の相談に対応する他、専門家とのコーディネートなどもしています。セミナーやワークショップの講師としても活動するほか、最近は経営計画作成と継続支援も増えてきました。

中村：経営コンサルタントとして活動しています。中小企業経営者との面談による売上向上を中心としたアドバイスや社員研修の講師が中心です。営業研修が多いのですが、最近は女性のスキルアップ研修が増えています。これまで女性向け研修を実施したことがない企業が多いため、勤務年数や業務内容、スキルレベルなどをお聞きして内容を構成しています。

高橋：アパレル関係の会社に勤めた後、独立して小売・サービス業の会社を運営しています。その経験も活かし、公的支援機関や民間での相談業務にも従事しています。自分自身も経営者として日々様々な課題に対応しながら、主に売場改善・マーケティング・事業計画の策定など、現場で使える具体的施策を心がけたコンサルティングをしています。

中澤：弁護士として法律事務所に勤務し、企業法務や様々な民事上の法律相談、訴訟等のトラブル対応などを担当してきました。５年前に中小企業診断士の資格を取得して中小企業の経営支援にも関わるようになり、法律と経営の両面からトータルでサポートできる存在になりたいと思い、志を持つ女性経営者を応援するための経営法律事務所を開業しました。

2　本書で紹介した事例について

(1)　株式会社 BeMagical Solutions

福田：本書では、４企業の事例を取り上げ、紹介・解説しています。この会社はメインの事例として取り上げていますが、この会社を紹介しようと考えたのはなぜですか？

中村：ひょうご産業活性化センターという支援機関が発行している「商ひょうご」という小売サービス業向けの冊子の執筆に携わっているのですが、１年ほど前、取材したのが株式会社 BeMagical Solutions でした。その時は販売促進がテーマでしたが、社長が女性活躍に対して画期的な考えと興味深い取組をしておられることを知り、今回の執筆の対象としてピッタリだと思い、取り上げさせていただきました。

福田：中村さんを中心に、東さん、中澤さんが経営者を取材したそうですが、実際に話をお聴きして、どのようなことが印象に残りましたか？

中村：社長は、「今までやってきた事業がそのままでうまくいくとは思っていない。常に変化しなければならない」と常々おっしゃっており、女性活躍も、今の形がゴールではなく、日々改善や新たな取組を考えておられます。社長の発言や行動から、「日本全体を変えていこう」という想いが溢れ出ているように思います。

東：印象的だったのは、相手を変えるのではなく、ご自身が相手に目線を合わせて、「どうすればできるのか」を常に考えられていたことです。経営者が「やるぞ」と旗を振っても、従業員が納得しなければ、絵に描いた餅になりがちですが、現状を丁寧にくみ取り、従業員の立場から可能な方法を検討されたからこそ、この取組が実現できていると思いました。

中澤：わずか1年ぐらいの短期間で、大きく組織体制を変え、しかも売上を伸ばしておられるのが印象的でした。単に「女性活躍を推進しよう」というのではなく、お客様にとって価値あるサービスを提供するために、女性の力を強みとして活かしていくことを経営戦略として考えておられることがすごいなと思いました。

福田：ここまでに至っていない他の多くの中小企業が見習うべきはどんなことでしょうか。

中澤：まず、このような取組をしておられる会社があることを知り、共通項を洗い出して考えていくことが大事ではないでしょうか。

中村：経営者が本気でやる気になるかが最も重要です。制度だけ変えても中身が伴わないことが多いので、今やっている事業に思い切ってメスを入れた見直しが必要です。そうでなくては、本当に女性が活躍できて、能力を活かした仕事を実現するのは難しいです。

福田：形だけを整えても、中身が整わなければ、絵に描いた餅になるということですね。

中村：社長が「今まで男性が担当してきた仕事を、そのままスカートをはいた女性に任せるという発想では全くダメだ」とおっしゃっていましたが、その通りだと思います。

東：この会社では、みんなで一緒に会社を作っていくということを認識してもらうための仕掛けもされています。もちろん今までやってこなかった取組に対する不安はあるでしょうが、「このようになれる」という変化に対する期待を抱いてもらえれば、「自分たちも変われる、変わりたい」という意欲に火がつき、好循環するのではないでしょうか。

(2) 株式会社KMユナイテッド

福田：この会社は、女性活躍推進に取り組んでいる企業として注目されていますね。高橋さんと中澤さんが取材に行かれましたが、どのようなことを感じられましたか？

高橋：この会社は女性の活用・育成で社会的に評価を受けています。社長は会社をいかに良くしていくかを常に考え、既成概念を取り払い、現状のシステムではうまく機能しないところを変革し実行する力が印象的でした。

福田：高橋さんは、ご自分も経営者ですが、この会社の何を取り入れたいと思われましたか。

高橋：従業員一人ひとりと真剣に向き合われている点です。社長は母体である老舗企業の社長も兼務する大変お忙しい方ですが、業界全体の諸問題を改善し、ゆくゆくは日本全体の働き方を変えたいと壮大なことを考えておられる一方で、身近な従業員のことを細やかに考えていらっしゃいます。「目の前のこの人のためにできることはすべてやろう」というエネルギーはどこから出てくるのでしょうね。

中澤：すごくエネルギーがあって熱い方でしたね。たった2人の女性社員のために企業内保育所まで作られたほどですからね。

高橋：問題を放置せず、具体的に対応していらっしゃいますね。

中澤：この会社は、「衣・食・住」の「住」を担っていますが、社長は、職人不足の問題に直面し、「これしか仕事がないという消極的な理由でこの仕事を選んだ職人に大切な『住』の仕事を任せていいのか」という想いを強くされたそうです。女性活躍を意図してではなく、性別や国籍に関わらず、仕事に対して熱意ある人を採用し、職人として育成すると考えられたことが印象的でした。

高橋：将来的なビジョンも仕事に夢をもてるものでしたね。ご自分が亡くなっていても、「次の姫路城の塗り替えはウチに任せろ」という会社になっていてほしい。そのために会社づくり・人づくりをしながら、目の前の人の子育ても手伝っていらっしゃいます

福田：壮大なビジョンを持ちながらも、細かいところにも全く手を抜かれないのですね。

中村：この会社もさきほどの会社も、明確なビジョンがあることが共通点ですね。

(3) フジ建機リース株式会社

福田：男性ばかりの職種に初めて女性を採用したのが女性経営者というのがこの会社の興味深いところですが、高橋さんはどんなことを感じましたか。

高橋：この会社もザ・男業界ですが、女性を登用し始めている会社です。先代がクレーンに乗って現場作業をするという従来の形態に加え、クレーンの賃貸サービス会社を作り、女性である奥様を社長として就任させた歴史があります。お話をお聞きした花岡氏のご主人はタイ人で、文化の違いという心配はあったものの日本社会や業界になじむ努力が実り、また社内にも柔軟な風土が根付いたようです。新しい型の機械を取入れるなどは、このご主人の入社により新しい風が吹いたからだそうです。変化を抵抗なく取り入れるＤＮＡが脈々と受け継がれている会社だと感じました。中小企業は、経営陣が新しい方向への変化に対し積極的な姿勢を持つことが非常に重要だと思います。

(4) 株式会社Kukkia

福田：この会社は、高橋さんと中澤さんが取材されたそうですが、東さんもよく知っている会社だそうですね。女性経営者が、子育て中の女性や外国人とチームを作り経営しておられる点が興味深いですが、感想をお聞かせください。

中澤：組織というより、チームとして活動しておられる点が、規模の小さな企業にとって参考になると思いました。お互いをよく知るために、仕事上もプライベートも、コミュニケーションをとる機会を設けておられましたし、スタッフがお互いに助け合いながら仕事をするチーム作りが印象に残りました。

高橋：社長は非常に柔軟な発想での持ち主で、できないという発想は全く持たず、「どうしたらできるか」からすべてがスタートしていることが一番印象深かったです。

福田：常にプラス発想なんですね。

高橋：男性の場合、目標達成が至上命令的だと思います。もちろん女性も目標達成を意識しますが、特にこの社長は「楽しくやりたい」と、従業員には「家族を大事にしてほしい」「楽しい時間を過ごしてほしい」との思いが強くあります。そのためのフォローは惜しまず、会社の中で楽しいことを常に企画・実行しながら、仕事がはかどれば万々歳だ、という点が女性的アプローチだと思いました。

中澤：この会社は、役職や名字で呼ばず、お互い「〇〇ちゃん」「〇〇さん」と呼び合うため、社内に親近感が満ち溢れ、お互いに力になろうという意識が自然と生まれているように思いました。

東：社長はアメリカ留学の経験があり、様々な人種の方と接し属性で人を見ないというフラットな感覚をお持ちです。コミュニケーション重視の一方で、「ここまでやりたい、そのためにこれが必要だ」という明確な基準を社員に伝えておられ、それが達成できていないときには、きめ細かくやりとりして調整されています。一貫した考えに基づいたやり取りが風土づくりにつながっていると思います。

高橋：この企業には月次予算がなく、今月の予算は社員と相談して決めるとおっしゃっていました。たとえば、週初めに自分で「これだけ売ります」という仕組みを作り、自分事に落とし込ませています。

福田：簡単に言うと自己申告制度ですか？

中澤：単なる自己申告ではなく、「私はこれをやる」と自発的に行動できる雰囲気を作っていらっしゃいます。

福田：あくまで個人が主体的に申告し、やらされ感が全く感じられないのですね。

中澤：もともと、この会社の商品には独自の世界観があり、この会社の商品のファンという人を採用されています。また、独自の基準で、協力していけそうな方を採用されているので、このようなことが可能になっているのかもしれません。

高橋：次世代的な感じがしました。今の若い人たちは感覚的に仕事をする場合が多いので、はまりやすいのではないかと。今までは組織戦という日本型経営が主流だったのですが・・・。

3 女性が活躍する企業になるために

福田：昨今、女性活躍の場を拡大することが叫ばれています。私がコロンビアに行った時、女性が本当に頑張っている姿を目の当たりにして感動を受けると同時に「日本は後進的だ」という印象を持ったのですが、原因は何でしょう?

東：未だに「女性だから、男性だから」という性差による役割意識が、根深くあるからだと思います。

中村：つい最近アメリカの大企業でも女性という理由で差別されているという新聞記事があり、驚きました。私が勤めていた会社は中小企業にも関わらず15年ほど前から「女性も男性同様に働いて当たり前」と女性活躍に先進的でした。ところが、男性社員の奥さんは全員が専業主婦で、「女性に活躍してほしいが、うちの嫁には出ていってほしくない」と思う人が多かった。私たちの世代は子供を預けて働けるインフラも整っていませんでしたが、今は女性が働くための環境が整いつつある転換期で、今後の変化を期待しています。

中澤：変化が期待される中で、今までどおり男性中心の組織で対応していると、一気に競争力が低下しそうですね。

高橋：男性だけで戦うのは半分の戦力で戦うということですから、今後は、総力で戦うことになっていかざるを得ないと思います。

福田：これまで購買決定権は男性にあり、男性だけで戦えたかもしれませんが、購買決定権が女性に移行しつつある現在では、女性の感性を取り入れることなしに戦えなくなってきている。こうした変化からも、女性の活躍なしに、繁栄は期待できなくなってきていると思います。

高橋：また、女性の場合、昇進の機会が与えられても断るケースが多く、活躍の場を狭めているように感じます。

福田：指導先の社長に女性の役職登用を進言しても、「私は今のままでいいんですと断られてしまう」という理由で反論されることが極めて多いのですが、どのように解決すればいいですか。

高橋：バーナードの「誘因と貢献」理論に解決の糸口があるかもしれません。誘因が貢献を上回る配慮が必要ですが、誘因はお金に限らず、制度が整っていない中で、突然役職登用されても、教育も受けておらずできないとためらってしまう。たとえば、保育施設が整っていないなど、職場で十分力を発揮できる条件なしで「自分ばかりが大変だ」と感じられてしまうのではないのでしょうか。このような状況で「女性を登用したが駄目だった」というパターンも多いと思われます。

中澤：女性の場合、リーダー的な立場になる機会が少ないことも原因ではないでしょうか。私は男女共学の学校に通っていましたが、男性がリーダーで、女性が補助的な任務を担うことが多かったですし、同様の構造が会社にも存在するように思います。一方、女子校のように女性だけの組織でリーダーの経験がある場合は、会社内でリーダーを担う抵抗感も少ないように思います。

中村：女性が役職登用を拒む理由は三つあると思っています。多くの女性は入社時に上昇志向もあったはずが、暗黙のうちに男性と差をつけられていくうちに、仕事よりも家庭に主軸を移していきます。そして、家庭が1番、仕事が2番、と安定したライフスタイルができた後に、今更リーダーをやれと言われても尻込みしてしまうのです。二つ目は、女性リーダーのロールモデルがいないことです。大企業の場合、女性の先輩がいないわけではないですが、驚くほど有能なパワフルウーマンでロールモデルとなりがたいです。「あるべき像」が存在しないので、どうしていいかわからない、だからやりたくない、となるわけです。三つ目として、男性は「勝ち負け」で判断する人が多いようですが、女性は、同僚を追い越すことに少なからず躊躇する傾向があります。私も、昇進を告げられた時、嬉しい反面、同僚を追い越し、指導することに居心地の悪さを覚えました。

東：一般的に男性は縦型のコミュニケーションを重視するのに対し、女性は横型を重視するので、横のコミュニケーションからひとつ頭を出すということに抵抗感があるんでしょう。ただ、管理職になったとき「何をすればいいか分らない」のは、マネジメントが何なのか分らないということですから、男性にも同じことが言えますね。

高橋：女性という迷いと、管理職としての管理・指導の方法がわからないという迷いが混同し、より複雑化しているかもしれません。教育する上司も男性ですから、「どう扱っていいかわからない」というのは正直ありそうですが、この断絶はもったいないですね。

中澤：でも、ロールモデルがないからこそ、意外と新しいことを自由にやりやすいように思います。

中村：会社側が「自由にやってもいいんだよ」という環境を作れば力を発揮するし、そうでなければ潰れてしまうでしょうね。

東：リーダーというと「男性が引っ張って行く」とイメージしがちですが、女性ならではのきめ細やかなリーダーシップスタイルもあるし、男性と同じでなくてもいいのでは？

福田：もともと女性と男性とでは感性が違いますから同じタイプのリーダーになる必要はないといえるでしょうね。

中村：それを容認する経営者や風土が必要ですね。

福田：ところで、本書の執筆を通じて、女性が活躍する企業になるために、経営者は何を考えて取り組むべきだと思いましたか？

中村：最初のロールモデル作りです。役職だけ与え「はい、やってください」というのではなく、経営者自らが徹底的にサポートし二人三脚で成功事例を作るべきです。そうすることで、周囲の男性社員の意識も変わり、後輩にとってのロールモデルもできあがります。また、「過去に女性を登用したけれどだめだった」と思い込まず、一回で諦めないでほしいです。

中澤：男性だから、女性だからではなく、経営者は、一人ひとりの社員がやりがいを持って働けているかということを見直す必要があります。そのような観点でみると、まだ女性が十分に活躍できていない会社が多いので、女性への対応・待遇を変えていかなければなりません。

福田：女性が活躍できる社会を作ることは、日本全体を公平な社会にするための切り口になると同時に、高齢者や障がい者など、社会的弱者へと伝播していくことになります。実業社会の女性活躍を切り口に、日本の封鎖的な環境打破が大事ですね。

中澤：性差による違いは決定的な違いではなく、単なる個性であるとの認識が必要で、性差によって決めつけたり、男女の違いだけで結論付けできないと思います。

東：ある女性経営者が「うちはパッチワークシフトです」と話しておられました。女性スタッフは家庭の事情で細切れ時間しか働けないけど、それを何とかうまくつなぎ合わせてシフトを作り運営を可能にしている。仕事の細分化で煩雑になるものの限られた人材でどうしたらワークシェアが可能なのか考えないと、人手不足の時代に企業経営を強化しにくくなります。

高橋：経営者は結局シンプルに「会社をどのようにしたいのか」に主軸を置くことが重要ではないでしょうか。そして、男性、女性でなく年配者や外国人など、活用できるものは全部活用すると合理的に考えることが必要です。

福田：非合理な部分が多いということですか？

高橋：現在はいろいろなことが変わっていく過渡期で、経営者や社会自体が迷っている部分もあります。インターネットなどのテクノロジーが進化し、従来のシステムが通用せず変化せざるにはおれないが、資源が減少し、市場の成長も鈍化している中でいかにして会社の成長を続けていくかというモデルもない。ですから、既成概念を取り外し、シンプルに考えることがより重要になるのでは。この時代に生きる私たちが人生を捉え直すという意味でも、「困りごと」は「みんなで協力して」とフラットに変えていく姿勢が大切だと感じます。

中村：経営者は、「女性一人ひとり」を理解してほしい。「活躍したい」と思う人もいれば、「このままでいい」と思っている人もいます。女性活躍を全く実現していない経営者は、女性をひとまとめに「うちの女の子」と呼びます。「もっと女性にやってもらったらどうか」というと、「無理、やらない」と応えます。頭から「やりたくないんだ」と思い込み、女性にやる意思があるか理解せず決めつけています。一方、女性側も「私なんか、そこまでできると思われていませんから」と言い出さない。このように両者の想いのギャップが要因になるので、しっかり話し合う場を設け、お互いを理解しあってほしいです。

中澤：「女性には無理」と決めつけられてしまうと、この社長のためには頑張ろうと思えないでしょうね。

福田：それでは、女性が企業内で活躍するために、どのようなことを考えないといけないと思いますか？

中村：女性だから逃げられるところはうまく逃げるという女性側の甘えは改善が必要です。国を挙げて女性活躍の理想を掲げたところで、一気に変わるわけではありませんが、自身で活躍の場を掴んで進めていこうという強い意識を持っておく。自分の家庭も含めて、働く場をうまくプロデュースしていく力が必要です。一人ひとりがそのように考えることで、全体が変わっていくと思います。

中澤：私は法律事務所に勤務していたとき、はじめは与えられた仕事をこなすだけで満足していました。ただ、「この仕事を通じて世の中の役に立っている」というやりがいを感じた瞬間があり、そこから「もっと、こんなことができないか」と、自然と前のめりになりました。最初から活躍しようと思わなくても、仕事を通じて世の中に貢献しているという意識を持てるようになると行動も変わってきます。

福田：自分自身でそのように意識する事は難しいですか？

中澤：そうですね。ただ、つらい事、いやな事があったときでも、その経験を次に活かそうと前向きに仕事をしていると、自然と活躍する場が与えられていくものです。失敗を恐れて自分の殻を作ってしまうと、もっと楽しい仕事や面白い仕事を経験できるチャンスを逃してしまうのでもったいないです。一人では前向きになれないときもありますが、ピンチのときに周りの先輩など相談できる相手がいると解決する場合も多いです。人間関係が重要ですね。

福田：やはり、社内コミュニケーションが大事なんでしょうね。

東：女性の場合、「自分が前に出て、こういうことをしてもいいのか」と謙遜する人が多いようです。先日、「今ボランティアでやっている仕事を事業化したいが、こんなサービスでお金をもらっていいのか」という人がおり、自ら能力を抑えているように思えてなりませんでした。このような発想を変えないと自分でチャンスの芽を摘むことになりかねません。また、女性ならではのしなやかなやり方を作りだすのも必要ですね。

高橋：私の会社は女性ばかりなので、女性の良さはよく分かっています。給料の多寡にかかわらず、「この仲間が好きだからみんなで頑張る」と、小さい会社が続くのは彼女たちのおかげです。女性は仕事に誠実、がんばり屋で目の前のことはよくできますが、広い視野で物事を見る、俯瞰する能力が必要です。たとえば、「自分の仕事がこの会社に対してどういう価値や影響を及ぼすか」という視点を持ってほしい。視点を変えると、やりたい仕事も自ずから見えてきて、「私だったらこのように役立てる」という考えも出てきます。その時に声を上げ、会社側もその声を受け止めることが必要です。また、言動に対して責任を持つことも大切で、「〜してくれないからできない」ではなく、自ら学ぶ姿勢も大事になるでしょうし、学ぶための費用を会社に働きかけるなども必要です。

福田：ただ、そのような働きかけを許さないという風土もありますよね。

高橋：そんな風土を少しでも改善したい思いでこの本を書きましたので、会社側の制度も整えながら、女性側の意識も変えてほしいと願っています。

福田：女性に活躍してほしいものの十分な取組ができていない企業に関わるとしたら、中小企業診断士として、どんなサポートをしていきますか?

中村：去年頃から、女性を対象としたスキルアップ研修の要望が増えてきました。研修を受けた女性は「会社が自分たちに目を向けてくれた」と喜び、やる気が出てくる人が多いようです。研修前は「仕事が楽しくない」と言っていた女性が、研修後には「やる気になりました!」と笑顔で言ってくれました。このような変化は私自身も本当に嬉しいので広く研修をしていきつつ、その後どう女性をステップアップさせていくかというサポートも継続したいです。人事担当者は男性が大半で、女性にどのように研修していけばよいか悩んでいますので、育成プランの検討段階からご相談にのりたいと考えています。

中澤：弁護士として女性活躍のテーマに関わるのは、男女雇用機会均等法や女性活躍推進法の遵守というコンプライアンスの問題として捉えることが多いです。しかし、今回の執筆に携わり、女性活躍は経営戦略に密接にかかわるということを強く感じました。弁護士・診断士として、さらに独立し経営者の立場になって、「経営は面白くてやりがいのある仕事だ」という想いを強くしています。女性が経営に関わるのは、ハードルが高いと思われがちです。いざやってみると、不安やリスクもありますが、法律や経営の知識があればカバーできることも多いです。女性が、もっと経営に深くかかわり、経営陣に参画するほどまでに活躍してもらえるようサポートしていきたいです。

東：本書で記載したように、業務プロセスを整理し各職務を掘り下げていく中で、「今できていないことをどう改善するか」を経営者と検討しますが、ともすると大雑把に「人がいないからだ」となりがちです。そこで第三者的立場で関わり、客観的に会社の状況を見据え、どうすれば人的リソースを効果的に活用できるかを考えます。検討する中で女性のみならずシニアの方でも対応可能かもしれません。今回の取組みを通じ、これまで時間的・場所的な制約を受けることが多かった女性に焦点化することで、「女性が働きやすい会社」は、「みんなが働きやすい良い会社」であると痛感しました。引き続き、今回の執筆で確認した視点を持ちながら、サポートしていきたいです。

福田：バリアフリーの社会は、弱者だけでなく、みんなが安心して住める社会であるとことまさに一緒ですよね。

高橋：前職の東京出張で朝早く乗った新幹線の車中は全員が男性で、「出張を伴う責任ある仕事は男性が担い、女性は今ごろコピーをしているのかな」と思ったことを今でも鮮明に覚えおり、「女性が働きやすい会社にしたい」という強い思いがあります。いろんなライフスタイルがあるので、会社の中だけではなく、自分の起業体験も活かし女性の働きやすいシステムづくりや起業のお手伝いもしたいです。また、本書を執筆して新しくやりたいことが出てきました。会社の困りごとを解決する中で進める事業イノベーション、とでも言うのでしょうか。ＫＭ様の事例でやる気のある人を採用する仕組み作りの中で、「妊娠する女性の体を心配」し、水性ペンキを取り扱うようになられました。次にそれをネットショップで販売、さらに店舗展開するといった、働く環境を整える過程が、利益につながる事業イノベーションの土壌になっていることを痛感しました。みんなが働きやすければ、結果は必ず会社に返ってきますので、業務改革と事業イノベーションの創出をサポートしていきたいです。

福田：「顧客満足は従業員満足があればこそ実現する」とよく言われますが、根は一緒ですよね。

福田：最後に、この本を執筆・出版するにあたり一番おっしゃりたいことをお話しください。

東：総論は賛成でも各論で、いざ自分の会社で実行するには何から手を付ければよいかを迷われる方も多いと思いますので、この本の読者が、「自分もやってみようかな」と思ってもらえたら嬉しいです。

高橋：この本の醍醐味は、実際の事例を紹介し、検証しながら経営理論との整合を確認・解説していったことだと思います。

中澤：「女性が働きやすい環境」について、診断士として仮説を考えましたが、経営者から直接お話を聴きし、思っていた以上に実現までの苦労やエネルギーの大きさを知ることができました。

中村：「うちの会社で女性活躍は無理」というのは、実は「女性を活躍させる気はないよ」といっているようなものだと思いました。でも、社会構造が変化する中で、今後は通用しなくなることが予想されます。今のうちから、3～5年のスパンでよいので、少しずつ取り組んでほしいです。

中澤：高槻商工会議所でのリレーセミナーがきっかけでこの4人で執筆することになりましたが、同じ診断士でもバックグランドや専門性が違うので、大いに学ぶところが多かったです。

福田：事例もいろいろな切り口から迫ることができたのは、良かったですよね。

中村：「女性活躍を本気で考えたい」と思う経営者は、ぜひ私たちにご相談下さい（笑）。

高橋：やりたいけど、何からしていいのかわからない、という声もお聞きしますが他者に客観的な意見を聞いてみるのが早道だと思います。この本を読まれて、具体的に行動に移される方が多く出てこられることを願っています。

中澤：同時に、中小企業の経営者を支援する立場の方にも読んでほしいと思います。

福田：それでは、本日の座談会を終わります。ありがとうございました。

〈参考資料〉女性を活かすための主な助成金

1．両立支援等助成金

従業員の職業生活と家庭生活の両立支援や女性の活躍推進に取り組む事業主を対象とした助成金。次の6コースがある。

① **事業所内保育施設コース**

自ら雇用する労働者の子の保育を行うために一定基準を満たす事業所内保育施設の設置、運営、増築又は建て替えを行った事業主等に対する助成金。

※現在新規計画の認定受付は停止。

② **出生時両立支援コース**

男性労働者が育児休業を取得しやすい職場風土作りに取り組み、男性労働者にその養育する子の出生後8週間以内に開始する育児休業を利用させた事業主に対する助成金。

③ **介護離職防止支援コース**

「介護離職を予防するための両立支援対応モデル」に基づく職場環境整備に取り組むとともに、介護支援プランの作成及び同プランに基づく措置を実施し、介護休業の取得・職場復帰又は働きながら介護を行うための勤務制度の利用を円滑にするための取組をした事業主に対する助成金。

④ **育児休業等支援コース**

働き続けながら子の養育を行う労働者の雇用の継続を図るため、育児休業の円滑な取得及び職場復帰に資する取組を行った中小企業事業主に対する助成金。

⑤ **再雇用者評価処遇コース**
妊娠、出産若しくは育児又は介護を理由として退職した者が就業できるようになったときに復職する際、従来の勤務経験、能力が適切に評価され、配置・処遇がされる再雇用制度を導入し、再雇用を希望する旨の申出をしていた者を採用した事業主に対する助成金。

⑥ **女性活躍加速化コース**
女性労働者の能力の発揮及び雇用の安定に資するため、自社の女性の活躍の状況を把握し、男性と比べて女性の活躍に関し改善すべき事情がある場合に、当該事情の解消に向けた目標を掲げ、女性が活躍しやすい職場環境の整備等に取り組む事業主、及び当該取組の結果当該目標を達成した事業主に対する助成金。

問合せ先：都道府県労働局 雇用環境・均等部（室）
詳　細：厚生労働省ＨＰ「両立支援等助成金」

2. 建設労働者確保育成助成金

建設労働者の雇用の改善や職業訓練などを実施する建設事業主や建設事業主団体に対して、経費や賃金の一部を助成する制度。13コースの内、女性従業員に関するコースは次のとおり。

① **若年者及び女性に魅力ある職場づくり事業コース（事業主経費助成）**
建設事業主が若年及び女性労働者の入職や定着を図ることを目的とした事業を行った場合、経費の一部を助成。

② **若年・女性労働者向けトライアル雇用助成コース（整備助成）**
中小建設事業主が若年者又は女性を建設技能労働者等として一定期間試行雇用し、トライアル雇用助成金の支給決定を受けた場合に助成。

③　**女性専用作業員施設設置助成コース（経費助成）**

中小元方建設事業主が自ら施工管理する建設工事現場に女性専用作業員施設を賃借した場合、経費の一部を助成。

問合せ先：都道府県労働局・ハローワーク

詳　　細：厚生労働省ＨＰ　「建設労働者確保育成助成金」

3. キャリアアップ助成金

有期契約労働者、短時間労働者、派遣労働者といった、非正規雇用労働者の企業内でのキャリアアップ等を促進するため、正社員化、人材育成、処遇改善の取組を実施した事業主に対して助成する制度。

問合せ先：都道府県労働局・ハローワーク

詳　　細：厚生労働省ＨＰ　「キャリアアップ助成金」

※これらの助成金情報は、平成二九年十月時点のものであり、変更される可能性があります。

〈参考文献〉

・新井康允「女脳ＶＳ男脳大研究」『日経ヘルス２０１３年3月号』日経ＢＰ社、２０１３年、62～65頁
・江上千恵子『現場の管理職が知っておきたい女性社員の労務管理ＡｔｏＺ』第一法規、２０１７年
・神田遵『均等法・母性保護・育児介護休業Ｑ＆Ａ〔第2版〕』労務行政、２０１０年
・上林憲雄編著『人的資源管理』中央経済社、２０１６年
・経済産業省『ものづくり白書』（２０１６年版）
・厚生労働省『育児・介護休業法のあらまし（平成29年10月1日施行対応）』
・厚生労働省委託事業『職務分析・職務評価実施マニュアル』ヘイコンサルティンググループ、２０１０年
・厚生労働省委託事業『テレワークモデル実証実験　テレワークではじめる働き方改革』ＮＴＴデータ経営研究所、２０１５年
・中小企業庁『中小企業白書』（２００９年版・２０１５年版）
・布施直春『均等法と育児・介護休業法で会社は変わる！～女性社員を活かす労務管理～』労働調査会、２０１４年
・堀下和紀ほか『女性活躍のための労務管理Ｑ＆Ａ１６４』労働新聞社、２０１７年
・山本勲「上場企業における女性活用状況と企業業績との関係―企業パネルデータを用いた検証―」独立行政法人経済産業研究所、RIETI Discussion Paper Series: 14-J-016、２０１６年

あとがき

「女性活躍」という言葉が注目され、国策としても法律や制度を整えて取り組んでいることは、女性の中小企業診断士である我々にとって喜ばしいことであるものの、日々の中小企業支援の現場では、いまだ積極的に女性登用を行っている中小企業は、そう多くないことを実感する。

今回、コロンビアでの女性活躍の現状に触れ、何が我が国との違いを生じさせているのだろうかと思いを巡らし、また、高槻商工会議所のリレーセミナーでは、実施後に一定期間を経てフォローアップセミナーを開催した際、経営者から「女性の登用を実際にどのように進めて行けばいいのかわからない」、「当社の業種では女性の登用は難しい」という率直な声も聞いた。

これまで、主に家事・育児の担い手であった女性は、就業において、時間や場所といった物理的制約を受けやすかった。

今回、本書では、このような制約を受けやすい「女性」に焦点をあて、「どうしたらもっと女性の働く機会を創出できるのか」について、どのような手順で進めて女性の就業可能性を見出し、そして、実現していけばいいのか、メンバーそれぞれの知見を持ち寄り、議論を重ねてきた。

まず、仮説として立てたのが、一つひとつの職務にまで細分化することによって、制約条件を越えて就業可能な職務があるかどうかを見出いだせないかであった。

その仮説に基づいて、事例企業の取組を検証していったが、経営者が可能性を信じ、柔軟な発想で取り組み、丁寧にかつ根気強く仕組み構築に取り組んでいくプロセスは、一朝一夕にできるものではなく、真摯に従業員と向き合う姿は、強く胸を打たれるものがあった。

また、ＩＣＴを効果的に利活用することにより、時間や場所の制約条件を乗り越える素地が整ったことも、就業可能性を見出すことにつながっていた。

さらには、女性の就業を継続させるための組織作りを行う上で、従業員と目線を合わせ、ありたい姿を共有し、ともに考え歩んでいく組織風土の醸成が重要であることも認識することとなった。

今後、少子高齢化が一層加速することにより、「親の介護」によって、男女問わず就業にあたって制約が生じる可能性が高まってくることが予想される。

しかしながら、様々な制約条件をどう超えていくか、現状を見直し、どうしたらできるのかという可能性を考えることによって、男女という性差なく、就業機会の創出及び継続的な就業につなげていくことができると考える。

「女性が継続して就労できる会社」は、「男女問わず継続的な就労ができるよい会社」であることが今回の取組を通じて見えてきた。

今回の出版にあたり、女性活躍企業の事例企業として、多大な労力とお時間を割いて、惜しみない情報のご提供、並びにご協力いただいた株式会社Be Magical Solutions 代表取締役 稲澤康博氏には、この場を借りて改めて感謝申し上げたい。

また、事例企業として取材に応じて下さった株式会社ＫＭユナイテッド　社長／ＣＥＯ　竹延幸雄氏、フジ建機リース株式会社　花岡和恵氏、株式会社Ｋｕｋｋｉａ　代表取締役　塩見和代氏にも、企画の趣旨にご賛同いただき、貴重な時間を頂戴したことに感謝を述べたい。

そして、株式会社同友館の佐藤文彦氏には、本書執筆の機会をいただいたことをお礼申し上げたい。

本書が、女性の就業可能性を見出し、よりよい組織づくりに取り組もうとお考えの経営者にとって、最初の一歩を踏み出すための一助としてご活用いただけたら幸いである。

平成二十九年十月

プロジェクトチームメンバー一同

東　純子（あずま じゅんこ）…………………………………第3章執筆

中小企業診断士、産業カウンセラー、キャリアコンサルタント。

シーズマネジメントサポートオフィス代表。

大学卒業後、内装施工会社の営業職などの勤務を経て、平成16年から（公財）大阪市都市型産業振興センターの運営する大阪産業創造館経営相談室「あきない・えーど」の経営相談窓口にて常勤コンサルタントとして従事。年間延べ300件を超える相談に対応。その他、セミナー講師や個別企業へのコンサルティング活動も行っている。平成19年より一般社団法人大阪府中小企業診断協会理事。

中澤　未生子（なかざわ みおこ）…………………………………第4章執筆

弁護士、中小企業診断士、産業カウンセラー。

同志社大学大学院法学研究科私法学専攻修士課程修了。2002年弁護士登録し、法律事務所に勤務し企業法務等に携わるとともに、中小企業の経営支援に取り組む。その後、志のある女性経営者を法律と経営の両面からサポートしたいとの想いから独立、エマーブル経営法律事務所を開業。著書は、「事業承継法務のすべて」（共著、金融財政事情研究会）、「中小企業法務のすべて」（共著、商事法務）など。

【著者紹介】

福田　尚好（ふくだ なおよし）……………………………………序章執筆

大阪市立大学経営学研究科前期博士課程修了。中小企業診断士。

日本ビクター(株)を経て、1988年開業。(株)プラクティカルマネジメント代表取締役。

(一社)中小企業診断協会本部会長。大阪経済大学大学院客員教授。

著書に「コンサルティングの基礎」（共著、同友館)、「コンサルティングの作法」（共著、同友館)、「商業・まちづくりネットワーク」（共著、ミネルヴァ書房）など。

高橋　佐和子（たかはし さわこ）…………………………第1章、第5章執筆

中小企業診断士、FORM（フォーム）コンサルティングオフィス代表。

関西学院大学経済学部卒業。服飾小売関連企業に勤務後独立し、小売・サービス業の自社店舗を運営。コンサルティング部門では、事業計画立案から営業研修・販売促進・店舗改善など「現場で使える具体的施策」によるトータルサポートを行う。公的機関では大阪府産業振興機構が運営する大阪府よろず支援拠点のコーディネーターとして従事。著書に「お店の「ウリ」を「売上」にする方法」(共著、同友館)。

中村　佳織（なかむら かおり）……………………………………第2章執筆

中小企業診断士。

大学卒業後、セールスプロモーション企画会社にて女性営業第1期生として採用され、約15年間企画営業職に携わる。6年目には社内初の女性管理職となり、多くの新卒女性を育成した。平成23年に独立し、営業・マーケティングコンサルタントとして企業支援を行うともに、全国にて営業職や女性社員、管理職向けの研修やセミナーを行っている。著書に「お店の「ウリ」を「売上」にする方法」(共著、同友館)。

2018年3月30日　第1刷発行

なぜあの会社の女性はイキイキ働いているのか
—事例に学ぶ 伸びる中小企業の組織の作り方—

©著　者　福田尚好
高橋佐和子
中村佳織
東　純子
中澤未生子

発行者　脇坂康弘

発行所　株式会社 同友館
〒113-0033 東京都文京区本郷3-38-1
TEL.03(3813)3966
FAX.03(3818)2774
http://www.doyukan.co.jp/

落丁・乱丁本はお取り替えいたします。　三美印刷／松村製本所
ISBN 978-4-496-05351-1　Printed in Japan